BEURS, BLACKS
&
ENTREPRISE

Jamila Ysati

BEURS, BLACKS
&
ENTREPRISE

EYROLLES

Éditions d'Organisation
Eyrolles
1, rue Thénard
75240 Paris Cedex 05

En couverture : Rougui DIAW et Abdelmajid ABDESLAM

Chez le même éditeur,

Teresa Elias, *Ose ou comment voir et faire autrement pour aller mieux.* Eyrolles, 2004.

Sommaire

Préface d'Hervé Sérieyx

Alerte sur notre contrat social

Le 29 mai 2005, la France a fait l'inventaire de ses peurs : peur du marché c'est-à-dire de l'échange, peur du plombier polonais c'est-à-dire du partage, peur du changement c'est-à-dire de la vie. Au cœur de ces angoisses, il y a d'abord la peur de l'autre. Autant dire que les *« minorités visibles »*, selon l'expression du rapport Bébéar[1], risquent d'attendre longtemps des jours meilleurs : notre « non » collectif, c'est principalement un non de « petit blanc », un non de rejet, un non de trouille de celui qui ne nous ressemble pas. Et cette peur est compréhensible : c'est celle qui devait régner sur le Radeau de la Méduse. Quand depuis plus de vingt ans, les dirigeants politiques de droite comme de gauche se révèlent également incapables d'endiguer le chômage, de réduire le flux annuel des 100 000 jeunes qui sortent du système éducatif sans aucune qualification, de lutter

---

1. Rapport de Claude Bébéar à Jean-Pierre Raffarin : « Des entreprises aux couleurs de la France », novembre 2004.

contre la ghettoïsation croissante de notre espace national et, tout simplement, de proposer un minimum de sens à notre aventure collective, la conscience de l'évidente impéritie des pilotes ne peut que créer la panique à bord et susciter le réflexe du « chacun pour soi ».

La Gauche n'a pas plus « changé la vie » que la Droite n'a su réduire la « fracture sociale » ; et comme chacun ressent que la mondialisation est en train de rebattre les cartes de l'univers, que toutes les rentes de situations seront remises en cause et que la Chine, l'Inde, l'Amérique du Sud et les États-Unis sont en train de nous rendre microscopiques, chacun s'efforce – et c'est compréhensible – de défendre contre l'autre, perçu, quel qu'il soit, comme un agresseur dangereux, son bocage, son carré de choux, sa survie.

Rançon de ce que Gérard Mermet appelait dans la dernière livraison de sa *Francoscopie* « *la France mécontemporaine* », se diffuse au ras du sol social, un racisme ordinaire, qui n'est que la crainte de la différence, le refus de la diversité et cette inquiétude ravageuse de ceux qui ont le sentiment que leurs avantages modestes risquent d'être remis en cause par de nouveaux arrivants qui, en plus, ne leur ressemblent pas. Pas étonnant dès lors que, dans un contexte de lourd chômage, se pérennise une réelle discrimination à l'embauche et à la promotion visant certaines minorités qui se retrouvent en queue des files d'attente, en particulier les jeunes issus de l'immigration, et parmi ceux-ci surtout les « Beurs » et les « Blacks » ; selon une étude parue en octobre dernier[1] 91 % des français jugent difficile l'accès à l'emploi pour les personnes habitants les quartiers sensibles (où sont domiciliés nombre de jeunes issus de l'immigration) et 74 % des DRH interrogés dressent le même état des lieux. Les chiffres donnés par les autres instituts de sondage confirment le phénomène : à égalité de qualifications et de diplômes, les jeunes nés de parents étrangers, singulièrement maghrébins et africains, courent deux à quatre fois plus de risque de pointer durablement au chômage que leurs homologues nés de parents franco-français.

Pour l'opinion, cette inégalité de traitement, c'est forcément la faute de l'entreprise : dans un pays qui adore consommer mais où « libéralisme » est encore considéré comme un gros mot, il n'est pas surprenant que l'entreprise soit désignée comme « ce pelé, ce galeux dont nous vient tout le mal ». Bien sûr, les processus de recrutement de l'entreprise et l'attitude de certains dirigeants ne sont pas pour rien dans cette situation mais s'enclenche ainsi une spirale de l'échec dans laquelle, les coupables ayant été trouvés – les chefs d'entreprise –, d'autres acteurs de la société tels que décideurs politiques, système éducatif ou médias peuvent, à bon compte, s'exonérer de toute responsabilité et encourager le développement d'un comportement de victime chez des jeunes qui se sentent injustement traités. La victimisation des jeunes Beurs et Blacks n'est certainement

---

1. Sondage IFOP-téléperformance commandé par l'association Agir pour la citoyenneté.

pas la meilleure façon d'aider ceux-ci à défendre au mieux leur chance.

Totalement marocaine et totalement française, bénéficiant d'une double expérience professionnelle d'enseignante universitaire et de cadre d'entreprise, Jamila Ysati est particulièrement bien placée pour saisir la complexité et les ambiguïtés de la rencontre entre le monde du travail et les jeunes issus de l'immigration ; et surtout pour tenter de cerner les peurs, les réticences, les préjugés, les préventions, les représentations mentales négatives qui freinent ou bloquent cette rencontre. En rappelant les multiples actions correctrices proposées par les nombreux rapports consacrés à ce thème dans les dernières années, Jamila Ysati souligne, en outre, que dans ce type de problème sociétal multifacette, on ne chemine vers des solutions heureuses que si on accepte de se soumettre au principe de réalité, de reconnaître que la responsabilité des acteurs concernés est partagée et de se défier des approches idéologiques toujours promptes, en désignant des méchants et des bons, à rendre n'importe quelle problématique humaine définitivement insoluble.

L'affaire du « CV anonyme » illustre bien ce péril, toujours sous-jacent en pareil domaine, d'une idéologisation paralysante : ainsi que le rappelait le récent rapport Bébéar sur les discriminations face à l'emploi, il ne fait pas bon être Black ou Beur quand on pose sa candidature à un poste professionnel : des tests conduits par l'Observatoire des discriminations (Université Paris 1) montrent qu'à qualification égale, un candidat au nom maghrébin a cinq fois moins de chances d'être convoqué pour un entretien d'embauche que le porteur d'un patronyme français. Pour que tous les candidats, sans distinction d'origines, puissent au moins accéder, à égalité, aux phases d'entretien et défendre ainsi leurs chances, on sait que le rapport Bébéar propose le recours aux CV anonymes.

Les Saint-Just de l'idéologie antiraciste ont immédiatement clamé leur opposition résolue à cette mesure qui, selon eux, signerait l'échec de notre société démocratique : comment accepter qu'il faille s'avancer masqué pour trouver du travail dans une France républicaine dont la Constitution affirme précisément qu'elle garantit à chaque citoyen l'égalité des chances sans distinction de ses spécificités et en particulier de sa race ?

Comme ces belles âmes ne proposent pas de solutions alternatives, nombre de jeunes diplômés arabes ou noirs risquent, grâce à ces vertueux courroux, de piétiner encore longtemps devant l'entrée du marché du travail. Et ce, d'autant plus qu'aux difficultés que leur crée cette ségrégation rampante s'ajoutent une ghettoïsation progressive de la France qui, souvent, pénalise au premier chef nombre d'entre eux, et la mutation du marché du travail suscitée par la mondialisation économique. Face à ce triple handicap — discrimination raciale, ghettoïsation rampante et difficultés induites par la mondialisation — il vaut mieux, sans doute, reconnaître modestement que dans un monde dorénavant plus ouvert, où se diversifient considérablement les origines de ceux qui habitent le territoire, la République n'a pas encore imaginé les moyens d'assurer concrètement à chacun cette égalité des chances dont elle proclame pourtant formellement qu'elle entend la garantir et qu'il est plus urgent de multiplier les initiatives pour qu'elle y parvienne que de rester l'arme au pied en répétant de beaux discours.

Les « Beurs-Blacks » qui ont réussi à percer le « plafond de verre » de nos préjugés se révèlent très souvent être des ferments d'innovation et de renouvellement : notre société, parfois trop conforme et vieillissante, peut d'autant moins refuser d'emblée l'anonymat des CV s'il permet de progresser sur le chemin d'une réelle égalité de traitement pour chaque citoyen. La France ne peut se passer de tant de talents, aujourd'hui encore éliminés d'office. Ainsi justice et efficacité se conjuguent pour que la « proposition Bébéar » soit au moins expérimentée.

Jamila Ysati, dans son ouvrage, sait éviter le double piège d'un tiers-mondisme bêlant (le colonialisme aurait été si nuisible que les enfants de l'immigration auraient une créance durable sur leur nouveau pays, etc.) et d'un pétainisme moralisateur (quand, venu d'ailleurs, on se retrouve français, c'est une chance qui se mérite et requiert du bénéficiaire des efforts très particuliers, etc.). Nourrissant son livre d'interviews vivantes où le verbatim permet au lecteur de se faire sa propre opinion sans être encombré de commentaires oiseux sur les différentes formes de racismes ordinaires que l'on rencontre malheureusement dans toute société ouverte, l'auteure nous aide à mieux comprendre les déterminants d'une rencontre aujourd'hui profondément insatisfaisante entre Beurs, Blacks et entreprise. Mais elle nous permet aussi de nous forger notre propre opinion sur la responsabilité partagée des divers acteurs dans ce hiatus malheureux et de découvrir les multiples voies de progrès qui peuvent favoriser, d'ores et déjà, sa réduction.

Mais, ne rêvons pas ! Dans cette société du chacun pour soi, de la solitude des aventures personnelles et de la peur de l'autre que nous avons peu à peu créée, l'accueil par l'entreprise de ceux que l'on perçoit différents, surtout en période de fort chômage, suppose des politiques volontaristes et ne pourra se contenter de discours généreux, citoyens ou cœurs vaillants.

Dans son dernier livre, Alain Touraine souligne l'actuelle fragmentation de la société française, percutée par une mondialisation massifiante : *« C'est l'ensemble de notre personnalité et la conscience même de notre identité, menacés par le développement rapide de tous ces environnements techniques et économiques, qui nous font perdre notre sentiment d'individualité ; en face de ces forces qui nous commandent, nous n'avons plus d'autre point d'appui que la défense de notre individualité : toutes les médiations sociales, tous les groupes d'appartenances se dissolvent. »*[1] Autant

---

1. Alain Touraine, 2005, *Un nouveau paradigme*, Paris, Fayard.

dire que l'entreprise, « seconde famille », aventure collective qui donnerait sens aux aventures professionnelles individuelles, a vécu.

Ainsi, l'entreprise est de moins en moins perçue comme une communauté mais comme un marché ; un endroit où l'on vient s'acheter un salaire, un surplus de compétence et d'expérience, de la socialisation, de l'aventure et de la réalisation de soi-même. Le contrat de travail s'en trouve profondément modifié puisque le lien de subordination est dorénavant à la mesure de ce que l'entreprise peut véritablement garantir parmi ces légitimes attentes du salarié ; et la première des loyautés de celui-ci, désormais acteur et responsable principal de son développement professionnel, c'est d'abord à lui qu'il la doit bien avant de la devoir à son employeur.

Dans cette société éclatée, où chacun s'efforce de trouver, pour le consommer, l'emploi qui convient le mieux à ses attentes particulières, il faudra bien que l'entreprise soit néanmoins capable d'accueillir de la différence – ne serait-ce que pour ressembler à son marché et pouvoir en ressentir les multiples mutations – et de produire de l'intelligence collective, seule garante du haut niveau de performance requis par la compétition mondiale.

Réussir à mettre durablement en synergie des adeptes du chacun pour soi et des « différents » qui se craignent, va devenir un défi de plus en plus difficile à relever : comme ce sera le pain quotidien des managers, il va falloir redoubler d'attention dans leur sélection et leur promotion, et donc se défier plus que jamais de ces brillants petits maîtres élevés hors sol que produisent encore trop souvent d'excellentes grandes écoles. Les capacités humaines d'empathie et d'entraînement devenant dorénavant le cœur de compétence de la fonction managériale, il nous faudra savoir recruter et promouvoir, pour tenir ce rôle essentiel, des collaborateurs à la fois dotés de ces qualités et surtout soucieux de les développer à travers leur vie professionnelle.

Par-delà la problématique, en soi déjà complexe et passionnante d'une amélioration de la rencontre entre Beurs, Blacks et vie professionnelle, le livre de Jamila Ysati nous oblige à cheminer dans un champ plus essentiel encore pour l'avenir de notre société : dans un monde dorénavant plus ouvert, aux systèmes de valeurs bigarrés et multiples, comment des individus plus enfermés qu'hier dans la production et la consommation de leur destin personnel parviendront-ils à produire du sens collectif et, tout simplement, du « vivre ensemble » ?[1]

Hervé Sérieyx

---

1. Hervé Sérieyx. *Coup de gueule en urgence : alerte sur notre contrat social.* Eyrolles, 2004.

Introduction

Nous ressentons tous combien le processus de ghettoïsation, profondément à l'œuvre dans notre pays, peut être destructeur de lien social, producteur d'esprit de castes, source de solitude pour les plus faibles et générateur de communautarismes antagoniques. Le risque est grand de voir la société des citoyens français se transformer de plus en plus rapidement en un conglomérat d'individus n'ayant plus pour seul point commun que la possession de la même carte d'identité nationale. On passerait de la fracture sociale à la société éclatée.

C'est un fait d'évidence, la France traditionnelle et les jeunes issus de l'immigration maghrébine et africaine éprouvent des difficultés croissantes à se rencontrer, à s'apprécier et à s'enrichir réciproquement de leurs apports culturels respectifs : l'affaire du voile, les incidents dans les « quartiers », la multiplication des rapports sur le sujet illustrent combien il s'agit là d'un problème sociétal de première importance. S'il n'y est pas apporté rapidement des solutions pragmatiques, la société française, déjà fragilisée par la mondialisation et par la perte de ses repères historiques, risque de voler en éclats.

Dans une France de plus en plus métisse où un nombre croissant de citoyens n'a pas eu pour ancêtres les Gaulois, il faut saisir toutes les occasions de *socialisation* (l'école, la vie professionnelle...) pour qu'elles deviennent des opportunités non d'intégration mais de coévolution, de co-enrichissement entre porteurs de cultures et de regards différents.

L'entreprise constitue évidemment le champ privilégié de cette socialisation positive puisque sa finalité, la performance (économique, financière, technique, commerciale...), oblige à retenir pour seul critère de sélection de ses collaborateurs la compétence (c'est-à-dire un *mix* de savoirs, de savoir-faire, de savoir-être et de savoir-devenir) qui n'a rien à voir avec la « différence visible » ou la couleur de peau. Mieux, comme dans la nouvelle donne de la compétition mondiale les entreprises qui ont dû livrer lors des années 1980-1990 la dure bataille de la qualité vont devoir dans les décennies à venir livrer le combat de l'innovation permanente pour garder une chance de rester sur le marché, diversifier les cultures et les regards au sein de ses effectifs va devenir un atout stratégique essentiel. Sans être la seule voie de coévolution positive entre Beurs, Blacks et société, l'entrée dans l'emploi en entreprise constitue une des meilleures façons de socialiser durablement des jeunes souvent tentés de refuser un monde qui, selon eux, aurait une dette à leur égard (celle du colonialisme d'hier) et surtout refuserait de les comprendre.

À l'évidence, les deux parties – les entreprises et les jeunes issus de l'immigration – peuvent y trouver un commun avantage et pourtant, la rencontre entre jeunes Beurs et Blacks et l'entreprise ne se passe pas bien. L'entreprise y a sa responsabilité : il existe parfois et encore trop souvent un problème de discrimination à l'embauche et à la promotion.

Mais cette responsabilité est largement partagée : toute la société française se ghettoïse, familles et système éducatif ne parviennent plus à transmettre les fondamentaux de la vie en société, les médias caricaturent souvent la population Beurs-Black en soulignant certains de ses excès, les jeunes eux-mêmes s'enferment parfois trop dans des comportements de refus.

Il existe néanmoins de très encourageantes voies de progrès. D'abord l'exemple des nombreuses réussites – connues et inconnues – de Beurs-Blacks dans le champ professionnel. Ensuite, la multiplicité des initiatives, lancées par les entreprises (cs. Alliances) ou par les Beurs-Blacks eux-mêmes (cs. le cabinet de recrutement d'Agir pour la citoyenneté) pour améliorer la rencontre. Enfin, la profusion des propositions d'action concluant la volée de rapports consacrés au sujet, dans les dernières années, qui traduisent notre prise de conscience collective de la gravité du problème et de l'impérative nécessité d'y porter solution.

Cela dit, il existe au moins deux champs que ce livre a peu prospectés mais qui, s'ils ne sont pas sérieusement réanalysés, risquent de réduire la rencontre des jeunes Beurs et Blacks avec la société française à l'amélioration de quelques protocoles de recrutement. Premier champ : va-t-on continuer à considérer que ce sont ceux qui sortent de Polytechnique ou de l'ENA, des jeunes gens souvent élevés « hors sol », qui constituent forcément les élites de la Nation ? Autrement dit, notre société est-elle condamnée à se reproduire par clonage et, donc, à dériver de plus en plus à l'écart d'un monde en mutation en y perdant définitivement toute chance de leadership ? Second champ : le système éducatif français va-t-il continuer à considérer qu'il n'existe qu'une seule voie royale d'accès à la connaissance, celle qui procède par l'abstrait (l'école, le collège, le lycée) et qu'il faut obliger ceux qui ont une intelligence concrète à se ridiculiser jusqu'à l'âge de 15 ans, en subissant des pédagogies pour lesquelles ils ne sont pas faits, pour les évacuer vers des itinéraires de délestages alors que Piaget ou Charpack nous rappellent qu'avec la démarche de l'apprentissage on peut produire des prix Nobel ?

Premier champ : s'il y a aujourd'hui tant de dirigeants en crise — et pas seulement dans le monde entrepreneurial — c'est sans doute que leur « logiciel de commandement » a été fabriqué pour un autre temps, celui des corps d'armée en ordre de bataille, composés de troupiers calibrés encadrés par des gradés normalisés, lancés sur un champ de conquête clairement précisé et vers des ennemis bien identifiés ; on se souvient du célèbre « la discipline faisant la force principale des armées... ». Aujourd'hui, du moins dans le domaine socio-économique, ce monde simpliste est en voie de disparition et l'on a quelques chances de voir les « soldats » de l'organisation mobiliser leur intelligence individuelle et collective que pour du sens, des valeurs, de l'utilité, de l'autonomie, de la vérité, de la confiance. Malheureusement, le « logiciel de commandement » qui permettrait de créer dans une organisation les conditions favorables à l'émergence de ces éléments – seuls garants d'une performance durable – ne semble pas encore installé dans le disque dur de nombreux dirigeants en place.

D'où la nécessité de diversifier nos recrutements – et les jeunes Beurs et Blacks apportent, entre autres, une salvatrice impertinence – pour pouvoir bénéficier dans nos organisations de regards différents, capables, grâce à la multiplicité des cultures, d'appréhender, avec le plus large champ de conscience possible, la complexité d'environnements fluctuants et interactifs. Les organisations monochromes ne sont en général susceptibles que de reproduire à l'identique les modes de fonctionnement et les réactions du passé. Or, c'est précisément parce qu'on affronte trop souvent les réalités de demain avec les représentations mentales et les façons d'agir d'hier, qu'on voit si fréquemment surgir les problèmes insolubles d'aujourd'hui.

On mesure là tout le danger des concours qui, si l'on n'y prend pas garde en oubliant de remettre sans cesse en cause le contenu des apprentissages qui y conduisent, risquent de sélectionner des clones de leurs prédécesseurs. Tendance croissante en Occident, la porosité professionnelle entre la fonction publique et le secteur privé, entre recrutement de nationaux « d'origine » et de nouveaux arrivants, permettant des carrières alternées avec aller-retour entre ces deux mondes, et arrivée de nouveaux regards constitue sans doute le meilleur antidote contre ce tropisme fatal à tant d'organisations, celui qui consiste à se reproduire à l'identique sans voir qu'un environnement en mutation rend de plus en plus coûteux, inadéquats, voire inutiles les services rendus : prélude à une mort, sans doute lente, mais, à terme, certaine. Les pistes tracées par l'IEP, et dorénavant par un nombre croissant de grandes écoles et d'universités pour que des jeunes qui n'ont pas eu la chance de vivre dans les quartiers « *in* » ni d'être nourris dans les bons établissements à « la gelée royale » de la République puissent rejoindre les endroits où se sélectionnent les dirigeants de demain, ouvrent de considérables espaces d'espérance.

Second champ : ceux dont la forme d'intelligence les prédispose plus à accéder à la connaissance par le concret – c'est-à-dire une large part des jeunes issus de l'immigration – auront-ils demain, en France, les mêmes chances que les autres jeunes de devenir ingénieurs, chercheurs, médecins, cadres d'entreprises, etc., ou bien devront-ils payer cher l'incapacité d'une large part du corps enseignant à remettre en cause ses pratiques pédagogiques en acceptant que la théorie se découvre à partir de l'expérience du concret ? Au nom

16

de l'égalité républicaine, nous considérons que tous les jeunes sont semblables et que reconnaître leurs différences reviendrait à les mettre en accusation. C'est dans l'échec que nous finissons toujours par reconnaître ces différences. En effet l'éducation initiale française, en dépit de sa qualité, privilégie une seule voie d'accès au savoir, fondée sur l'abstraction, la séparation des disciplines, la mémoire et l'examen. L'alternative, la voie d'accès à la connaissance par le concret, « l'apprentissage », selon Jean Piaget, ou Bertrand Schwartz, est toujours réservée à ceux qui ont échoué avec la méthode abstraite. La voie traditionnelle passe par la transmission du maître à l'élève et l'on fait l'hypothèse que celui-ci sera capable de trouver par lui-même à quoi peut servir ce savoir dans les différentes situations de sa vie ultérieure. La démarche de l'apprentissage fait un autre pari : une connaissance est d'autant mieux intégrée et transformée en élément vécu de culture qu'elle a été désirée, qu'elle est apparue nécessaire, qu'elle a été expérimentée et que, dans l'action, elle a permis à la personne de faire un progrès qu'elle a pu mesurer. Une connaissance ainsi acquise permet d'accéder à un niveau d'abstraction, de théorie, complètement intériorisé éclairant l'action et favorisant l'acquisition de nouvelles connaissances. Pourquoi faut-il attendre en France qu'un jeune – et si souvent des jeunes Beurs et Blacks – ait échoué dans la voie traditionnelle (parce que son intelligence était plus concrète qu'abstraite) pour que celui-ci, vaincu et humilié, ait la permission de prendre la route de la connaissance par le concret qui demeure, chez nous, une voie de délestage, un pis-aller, un chemin dévalorisé ne conduisant qu'à des diplômes de second choix ?

Décidément, si la rencontre entre l'entreprise et les jeunes Beurs et Blacks requiert que celle-là fasse des efforts de transparence et, parfois, d'honnêteté et de courage et que ceux-ci s'obligent aussi à en accepter les codes et les contraintes, il n'y aura durablement de riche coévolution entre ces deux parties que si notre pays accepte de reconsidérer ce que sont de véritables élites et ce qu'est un bon système éducatif.

Beurs, Blacks et entreprise

PRÉAMBULE

TROIS HEURES À PERDRE, DES VIES À GAGNER.

Aéroport de Nice, début décembre 2004. Ce jour-là, un soleil radieux, une vue imprenable sur la piste d'atterrissage. Plus loin, la Méditerranée. Les tables du self-service du dernier étage étaient vides à quinze heures, sauf une. Elle était occupée par cinq jeunes garçons que l'on dit « *Beurs* ». Ils buvaient du café et fumaient des cigarettes fortes. Autour de leur table, un brouillard très épais.

Je me suis installée quelques tables plus loin pour ne pas respirer cet air vicié, mais, intriguée par ces voyageurs atypiques car sans bagage, l'idée m'est venue brusquement d'aller leur offrir un gâteau tunisien.

Non sans méfiance, ils m'ont saluée :

— « Merci, Madame, on est tous tunisiens, vous aussi ? »
— « Non, je suis franco-marocaine et je reviens d'un colloque qui avait lieu à Tunis. J'attends ma correspondance pour Strasbourg à 18 heures ».
— « C'est quoi ça, un colloque ? »

© Eyrolles

21

La discussion a duré plus d'une heure. Il y avait là Amin, Haidar, Mehdi, Wassim et Malik, « Beurs » niçois de 18 à 21 ans. Cet aéroport d'où l'on peut voir la Méditerranée et les engins qui la traversent était leur lieu de rencontre et de rêves. C'est là qu'ils viennent refaire le monde, partager café et cigarettes en regardant la mer. « Ça fait penser aux vacances et l'on se dit que, de l'autre côté, en Tunisie, quelqu'un est en train de penser à nous ».

Curieuse réponse. Les anciens poètes arabes, émus par les traces encore présentes sur le sable, se remémoraient d'anciennes rencontres. Ils pensaient à l'Absente. On appelle cela la nostalgie. Ici, c'est l'inverse, c'est un absent fantasmé qui serait en train de penser à l'exilé. Pourquoi ce besoin ? On n'est plus de là-bas, dans le pays qui n'est maintenant connu que durant les vacances. On n'est pas tout à fait d'ici. Mais on n'est pas non plus dans l'entre-deux comme ce juif marocain auquel on demandait tout récemment où il était le mieux en Israël ou au Maroc et qui répondait : « dans l'avion ». Je me souvenais aussi de cet enfant Franco-Marocain qui passant, avec ses parents, en bateau, au large d'Algéciras et qui déclarait : « Papa, tu es français, Maman, tu es marocaine, donc moi, je suis espagnol ! ».

Ces jeunes sont bien de ce côté, mais un cordon ombilical invisible les relie avec l'autre côté. Ne seraient-ils pas encore nés ? En quelques mots, tout a été dit d'une identité réticente. Nous ne sommes pas en présence de citoyens français qui se pensent comme tels. D'ailleurs, ces derniers viennent dans les aéroports pour rêver d'improbables déplacements centrifuges. Un jour, ils pourront partir. Ils ne viennent pas pour rêver à des pensées centripètes venues vers eux d'au-delà des mers. Est-ce pour cette raison qu'on stigmatise ces jeunes de noms divers qui marquent l'altérité, au choix, Arabes, Maghrébins, musulmans, immigrés, Beurs ou encore jeunes d'origine immigrée ? Ces termes divers renvoient en miroir le sentiment de l'altérité qui est réellement exprimé. Ils les focalisent en une identité totalitaire qui, elle, le plus souvent, n'est pas exprimée. Elle est donc, très souvent, contestée par les intéressés.

Qui sont-ils alors ? « En fait, on est tous tunisiens, mais certains d'entre nous ont des parents mixtes : mère algérienne et père tunisien ». C'était le cas pour deux d'entre eux. L'identité spontanée, du moins face à une autre arabe, et dans un aéroport, n'est donc pas française. Fréquentent-ils au moins des jeunes Français ? « Des potes français, pas question, ils ne nous comprennent pas. On est toujours ensemble. On est né et nous avons grandi ensemble. Nous habitons le même quartier. Entre nous, on se comprend mieux. On ne se parle qu'en français, mais ce n'est pas ça qui importe, on a les mêmes affinités et les mêmes problèmes. Ceux qui s'appellent Paul et Jacques n'ont pas les mêmes que nous et à Nice, il vaut mieux s'appeler David. On habite tous la même banlieue (près de l'aéroport), un quartier appelé Les Moulins. Certains sont partis des Moulins, mais ils n'ont pas été loin. C'est son cas (ils désignent alors l'un d'entre eux dont les parents ont construit une maison à côté des HLM). On est donc resté ensemble ».

La réponse est intéressante par le jeu qui passe du « on » indéterminé au « nous » communautaire, avec un usage indifférencié concernant l'habitat. Les six « on » se réfèrent au groupe tel qu'il se voit de l'intérieur. Ils connotent ce qui est « naturel », le fait de naître, de parler (le français), de se comprendre, de vivre ensemble ou d'habiter dans un même lieu. Les quatre « nous » se réfèrent au groupe en tant qu'il est en relation avec l'extérieur et qu'il se sent incompris. On rapporte ce pronom au fait d'habiter, de grandir ou d'avoir des affinités ou des problèmes autres que ceux des autres. Question préalable : comment le sait-on puisqu'on se refuse à fréquenter les autres ? Rien n'est clair dans ces réponses sinon une peur de l'altérité. On est en face de personnes françaises par nature (car nées en France et ne parlant pratiquement plus que le français) mais qui craignent de l'être par culture, ce qui supposerait la mort du groupe perçu comme protecteur.

Est-ce un fait culturel ou le résultat de la vie en HLM qui est, cependant, en train de disparaître puisqu'au moins une famille vient déjà d'opter pour un mode de vie en maison individuelle ? La mort annoncée du « nous » n'est-elle pas dans ces nouvelles dynamiques, géographiques ou sociales, qui s'esquissent ? Je reste perplexe.

Commence alors une discussion à bâtons rompus. L'aîné des cinq, Amin, a pris la parole : « Je n'aime pas trop me casser la tête, je n'aime pas galérer. Les études pour moi, c'est ça. J'ai une cousine qui a un bac + 5 et elle est caissière à Auchan. Les ingénieurs, pareil ». À 21 ans, Amin, beau garçon, grand à l'allure sportive mais au regard sombre, redouble sa première année d'AES sans jamais aller en cours car ce qu'il veut, c'est trouver une entreprise pour faire un BTS en alternance. Il avait une piste chez Alcatel, mais l'entreprise a embauché quelqu'un d'autre. Il dit ne pas chercher activement car peu réussissent à trouver des entreprises pour l'alternance. A Nice, dit-il, peu réussissent et c'est pour cela qu'il ne cherche pas activement. Il prévoit cependant, sans conviction ni enthousiasme, de déposer un CV dans une banque le lendemain.

Le père d'Amin est artisan maçon et sa mère est femme au foyer. Il a deux sœurs dont une travaille à l'aéroport de Paris après un BTS de tourisme et la seconde a obtenu sa licence en droit et entame un IUP.

Le Coran dit que Dieu est avec les patients. Amin serait plutôt du genre impatient. Si, dans l'état actuel du marché du travail, on ne trouve pas instantanément l'emploi correspondant au niveau de sa qualification, s'il n'y a pas plaisir immédiat, on préfère la souffrance durable. Par refus de la galère, on se condamne soi-même à la galère. Il faut alors se poser la question : passera-t-on au registre de l'accusation et, dans ce cas, qui sera accusé ? Les questions essentielles apparaissent toujours très rapidement, même si elles ne sont jamais explicitement posées.

Haidar, 20 ans, père maçon, est en deuxième année de BTS comptabilité. « L'an dernier, j'ai fait un stage chez Citroën que mes profs m'avaient trouvé. Cette année, c'est moi qui cherche le stage. Au téléphone, ça va, mais lorsque je vais en entretien et qu'on me voit, on me dit souvent : « Le patron n'est pas là ». Pourtant, je travaille bien à l'école et j'ai 14 de moyenne. Certains de ma classe ont décroché de super stages avec seulement 8 de moyenne. Je n'ai trouvé un stage qu'une semaine après le début de celui-ci (je cherchais depuis septembre et mon stage démarrait le 15 novembre). On m'a dit une fois, dans un cabinet de comptabilité, que c'était le client qui ne voulait pas avoir affaire à un Arabe. Une fois, dans un boulot, ils m'ont débauché pour prendre le fils d'un client. Il y a des têtes qui ne passent pas ».

Après son BTS, Haidar a l'intention de s'inscrire en troisième année de fac. Il n'a pas envie de travailler avec seulement un BTS et même ses professeurs, dit-il, lui conseillent de faire plus d'études.

Haidar a donc une première expérience du travail par deux petits boulots et deux stages. Il se fabrique un sentiment d'injustice. Puisqu'il travaille bien, il devrait avoir droit à un stage. Qu'il y ait des difficultés à entrer ou à rester dans l'univers du travail lui est incompréhensible. L'explication la plus simple, pour lui, et elle apparaît à trois reprises, est celle du racisme de l'autre. Au moins, c'est efficace car cela peut paralyser les autres. « J'ai dit à une prof : « vous êtes raciste » et depuis ce jour-là, elle ne dit plus rien. - Pourquoi lui avez-vous dit cela ? – Parce que les profs font du favoritisme. Ils préfèrent s'occuper des Français ». Mais si on fait très attention à ce qui est dit, il accuse aussi, de fait, sa propre tête, signe visible de l'identité d'arabe qu'on lui donne. Quel rapport entretient-il avec son visage ? Cette relation modifiée, serait-il plus combatif ? Nouvelle question essentielle.

Haidar pense que sa sœur réussira, elle est assistante de gestion et veut être secrétaire médicale, et elle a réussi tous les tests qu'elle a passés.

Haidar connaît une pression. Elle ne vient pas de ses parents, mais de ses amis qui lui disent : « Toi, tu devais ouvrir ton cabinet comptable ». « Ouais, mais je ne veux pas m'appeler Mahmoud Machin. Et même ici, si tu veux acheter un appart, il vaut mieux pas que tu t'appelles comme ça. On nous demande d'avancer un an de loyer pour louer un appart. Vous savez, Madame, ici, sur la côte d'Azur, pendant les présidentielles, tout le monde a voté Le Pen, Wallah (je le jure). J'ai été bénévole dans un bureau de vote pour faire le comptage et tous mes bulletins, c'était FN, FN, FN ». Il n'y a donc pas que le visage qui pose problème. Le nom, lui aussi, est une menace comme peut l'être l'opinion publique qui apparaît lors des votes. Haidar, petit soldat de la démocratie, doit-il se réconcilier d'abord avec son visage et son nom pour nouer d'autres relations avec l'opinion publique ? Ou doit-il devenir acteur politique et créer,

le cas échéant, son propre parti dont on comptabilise-
rait, un jour, les voix ?

Ce qui inquiète Mehdi, c'est de faire des années d'études
pour arriver dans une entreprise où il s'entend dire :
« On ne peut pas vous prendre car vous n'avez pas le
profil. Là-bas (en Tunisie), personne n'a du travail, mais
ça, au moins, on le sait. Nous y allons une fois par an,
mais on ne peut pas y vivre. Mon père est venu en 1970,
suivi par ma mère en 1980. J'ai trois frères et une sœur.
Mon grand frère prépare un BTS en alternance chez
Alcatel ».

La même peur devant l'obstacle. Aurai-je rencontré une
communauté, ou une para-communauté, d'angoissés ?
Tout se construit sur une image (fausse) de la Tunisie,
pays du chômage pour tous, ce qui montre que les différences sociales ne sont pas appréhendées. Or cette image
sert à penser l'image de la France, pays où l'on réside
habituellement et où l'on peut vivre. Certains y trouvent du travail, une fois surmonté les obstacles, ici le
profil est un terme qui ne se réfère pas nécessairement à
des significations raciales. Qu'est-ce que cela signifie
sinon que ce jeune ne pense pas pouvoir, volontairement, adapter son profil à la demande de l'offreur
d'emploi ? Dès lors, à quoi servent, du moins pour les
garçons, les études ? En clair, si on veut motiver ce
jeune et lui donner le désir d'apprendre, il faut lui indi-
quer comment maîtriser totalement un projet professionnel. Faute de quoi, il ne perçoit pas l'intérêt des
contenus d'enseignement. Il est donc programmé à

l'échec et à n'avoir justement pas le profil dans une prophétie autoréalisée.

De fait, le parcours de Mehdi fut complexe. À 18 ans, il avait arrêté sa scolarité en troisième, et cela sur un coup de tête. Il n'avait plus envie de se battre. Aujourd'hui, après avoir « bien galéré », il suit une remise à niveau pour entreprendre un CAP de vente. Il avait déjà tenté un apprentissage en plomberie, mais cela ne lui a pas plu : « Je voulais travailler, je ne suis pas fait pour l'école ». Ses parents ne disent rien. Son père a été licencié d'un restaurant qui avait fait faillite. « J'ai également suivi une autre formation de traiteur pendant sept mois, elle devait durer deux ans mais j'ai arrêté. J'aime bouger. Les horaires ne me correspondaient pas, le salaire non plus ».

Mehdi fait actuellement une mise à niveau d'un an. Cette formation rémunérée est prise en charge par une association et lui permettra d'intégrer à nouveau un lycée. Mais ses yeux « éteints » et son manque d'enthou-siasme évident laissent entrevoir autre chose que ce qu'il dit. Un de ses camarades évoque cette mise à niveau : « Lorsque les gens arrivent du Bled, ils peuvent avoir des formations. Des cours leur sont donnés selon les niveaux. Il faut trois classes pour trouver du boulot. Ils se présentent à la Mission Locale qui leur propose cette formation. Mais certains commencent et arrêtent ». Il y a un obstacle, mais lequel ? Mehdi, lui, n'est pas « blédard », il est né à Nice.

À 18 ans, Malik est en première S. Il a redoublé sa seconde. Il compte faire une prépa afin d'intégrer une École d'ingénieurs, mais il pense que cela va être dur. Sa grande sœur qui fait des études en droit réussit mieux. D'après lui, cela s'explique : « elle s'accroche mieux que moi ». Ses parents ont une petite entreprise de BTP, ils sont beaucoup trop pris car ils sont leurs propres patrons. Il n'affiche aucun enthousiasme car l'horizon lui semble sombre.

Effectivement, il n'y a aucun Français dans ce groupe, mais il n'y a pas plus de filles. Or celles-ci pourraient, peut-être, donner les conseils pertinents amenant à sortir des préjugés ou des rêves. Car l'idée d'aller en prépa, pour quelqu'un qui a redoublé sa seconde, est peut-être déjà irréaliste. Et faute de filles présentes, personne ne sait ce que signifie au juste « s'accrocher ». Cette réussite des filles pose au moins la question de la pertinence des explications par le racisme des échecs. D'où la question : le rejet des filles ne s'expliquerait-il pas par le refus d'entendre les propositions qu'elles pourraient faire ? Autre façon de poser la question du voile.

On peut approfondir : « Les filles ont plus de volonté que nous de s'en sortir. D'abord, elles passent mieux, elles sortent moins. – Ouais mais les filles, ça tombe amoureux et ça fait plus rire après ». On a trois explications des meilleures réussites des filles. Elles sont victimes du machisme des garçons, raison du fait qu'elles sortent moins. Ce qui explique qu'elles aient, ensuite, plus de volonté car elles savent contre quoi elles doivent lutter. Ensuite, elles ont une capacité de séduction dont les garçons seraient incapables.

Les enseignants ont-ils un rôle dans le parcours scolaire ? « Une prof de langues a dit : "les Arabes sont forts en anglais". Je n'ai pas trop aimé. Il y a plein de petites remarques comme ça. On nous dit, par exemple, "vu vos origines, il vaut mieux faire des études" ou alors "il vaut mieux, dans votre cas, passer des concours, vous aurez plus de chances". J'avais par exemple une bonne moyenne, je travaillais bien mais on m'a dit dans mon lycée "ça sert à rien que tu fasses S, on nous parle plus de BEP que de bac" ».

Le problème est bien que même les remarques voulues comme valorisantes dévalorisent. La remarque de l'enseignante est justifiée. La langue arabe dispose d'un spectre phonologique très large qui permet de prononcer plus facilement les sons anglais que lorsqu'on est seulement francophone. Mais la même remarque blesse. On comprend pourquoi. Pour formuler la remarque, il faut constituer un groupe séparé, celui des Arabes et c'est cela qui n'est pas aimé. Ailleurs, on formerait le groupe des « musulmans ». Avec les mêmes réactions de rejet, sauf chez quelques islamistes.

Les conseils des enseignants sont aussi pertinents et cela pour deux raisons. Si, d'une part, on ne veut pas aborder les problèmes des formes des constructions identitaires, effectivement, il faut conseiller la voie des concours ou des études longues qui augmentent les chances, mais nullement la nécessité, du recrutement. Si, d'autre part, on tient compte de ces difficultés identitaires, il faut, effectivement, déconseiller les études longues et privilégier les voies courtes, ce qui met ces jeunes dans une situation de double contrainte qu'ils ne peuvent décrypter faute de la capacité de méta-communiquer. L'envie, dès lors, coexiste avec l'absence d'envie. Malik est ainsi un élève paradoxal.

Mourad a cinq frères et sœurs. L'aîné réussit bien en fac de médecine. « Il se débrouille bien ». Les autres sont normalement scolarisés. Ceux qui sont « normaux » sont-ils muets ? En tout cas, Mourad ne dit presque rien de lui.

Wassim, 20 ans, est en première année du BTS « Froid et Climatisation Électrotechnique ». Pour lui, c'est une filière où il ne devrait pas « galérer pour trouver du taf ». Il devra effectuer un stage ouvrier en juin et un autre en Bureau d'Études en deuxième année. Ces BTS sont bien demandés, mais on commence avec le SMIC. « Il n'y a qu'un BTS FC sur toute la région, on n'y trouve que 26 élèves et ils nous paient au SMIC ! En plus, le lycée va virer quelques-uns qui s'absentent beaucoup, on est trois arabes dans la classe, moi ça va, mais les autres…Il faut être sérieux et pas s'absenter. On nous donne volontiers des petits boulots mais pas d'emplois de cadres, surtout ici sur la Côte ».

Wassim est subtil. « Vous savez, Madame, il y a déjà beaucoup de délinquance. Seule la moitié des jeunes suit des études et si les chefs d'entreprise ne nous donnent pas de taf, il y aura encore plus de délinquance ». Cela s'appelle du chantage qui repose sur l'idée qu'il y aurait une responsabilité sociale des entreprises. Celles-ci doivent assurer le plein emploi. Faute de quoi, à la différence de la Tunisie où le chômage n'implique pas la délinquance, il y aurait, en France, une délinquance accrue. Ce qui signifie que l'on croit les patrons français culpabilisables. La solution est donc trouvée dans une négociation indirecte et non dans une transformation directe de son être ou dans une réorganisation identitaire. Que faire si le chantage échoue ? « Le piston, il n'y a que ça qui marche ici », dira Wassim. Ceci signifie que logiquement, il faudrait créer des réseaux, donc casser la communauté où l'on ravive, entre soi, ses pseudo nostalgies.

Ces jeunes sont déjà sortis de la cité. Ils se rencontrent dans un aéroport, en dehors du quartier de HLM. Ils disent clairement leurs rêves, ce qu'ils seront dans trente ans. Mais l'essentiel n'est encore ni dit, ni fait. Leurs rêves ne deviendront réalisables que lorsque leur groupe sera mort, lorsque les filles seront présentes, lorsque les français seront là.

Après cet échange, ils m'ont dit : « Merci, Madame, de nous avoir écoutés, on ne nous a jamais écoutés comme ça. On aimerait bien avoir des profs comme vous. Vous, au moins, vous nous comprenez… ». Or, je ne leur avais rigoureusement rien dit. Et si j'avais compris quelque chose, cela n'avait rien à voir avec ce qu'ils croyaient comprendre de leur propre situation.

Le débat des années 1980 sur l'immigration a laissé place à celui sur la discrimination à l'embauche. Certes, d'autres discriminations sont dénoncées, au niveau du système éducatif comme pour le logement. Mais c'est sur la question de l'embauche que les discussions sont les plus vives aujourd'hui car Beurs et Blacks grandissent et se trouvent nombreux sur le marché du travail. L'entreprise n'est pas préparée pour accueillir cette génération-là. Alors le gouvernement est récemment monté au créneau, on a assisté à la publication de plusieurs rapports et articles largement médiatisés donnant lieu à de nombreux débats, et une polémique a mis l'entreprise au cœur de ces débats.

Au commencement, une certaine forme de « discrimination positive »

Lors d'une émission sur France 2 « Cent minutes pour convaincre » de novembre 2003, Nicolas Sarkozy, alors ministre de l'Intérieur, avait vanté les vertus de ce qu'il appelait la « discrimination positive »[1] en l'accompagnant

---

1. Gwénaëlle Calvès, 2004, *La discrimination positive*, Paris, PUF.

de la nomination d'un « préfet d'origine musulmane », Aïssa Dermouche[1]. Très médiatisée par la suite, cette nomination a fait l'objet de toutes sortes de dérives sémantiques : « préfet d'origine immigrée », « préfet d'origine kabyle », « préfet musulman » et surgirent des débats provoquant des contestations de personnes ou d'associations, mais aussi d'hommes de la communauté musulmane qui avaient eu l'impression que le ministre distinguait un homme en fonction, non de ses compétences seulement, mais de sa foi, ce qui était contraire aux traditions de la République. Ainsi, Hervé Chabaud, dans un article intitulé « La fierté républicaine » écrivait à ce sujet : « *La laïcité n'est pas la négation de la religion, mais le socle républicain qui, au nom de la liberté, de l'égalité et de la fraternité, protège les citoyens, quels que soient leur culte, leur sexe, leur origine, leurs idées, de l'intolérance et de la tyrannie.* »[2] Ces débats allaient être suivis de commentaires parfois acides, le plus souvent très éloignés des questions de fond qui apparurent en raison de la vie privée et familiale du nouveau préfet.

Ce débat, un temps flou et passionné, avait fini par agacer les Beurs et Blacks à qui on avait omis d'expliquer d'où venait cette notion de « discrimination positive ». Les premières politiques de discrimination positive sont apparues en Inde dès l'époque coloniale. Elles ont été ensuite exportées aux États-Unis à la fin des années 1960. Elles partent du constat des inégalités. Elles se proposent, en conséquence, de rompre avec le modèle libéral et de

---

1. Aïssa Dermouche a été nommé préfet du Jura le 14 janvier 2004.
2. « Fierté républicaine », *L'Union* du 17/01/2004.

donner tout pouvoir à l'État pour aider, par la contrainte, les membres de groupes qui ont été ou qui sont victimes de discriminations. Il s'agit de leur permettre de compenser leur handicap, en leur accordant un « *traitement préférentiel* »[1]. Outre les États-Unis, d'autres pays ont adopté cette politique (l'Afrique du Sud, le Canada et la Grande-Bretagne, etc.) qui touche essentiellement aux domaines de l'éducation et de la politique. En clair, on utilise des moyens imposant l'inégalité, donc anticonstitutionnels, pour imposer l'égalité inscrite dans les textes constitutionnels.

Près de quarante ans après, alors qu'une telle politique est aujourd'hui fortement remise en question aux États-Unis, la France a voulu non l'appliquer, mais en donner seulement un exemple isolé qui fut aussi le fait du prince. Cela dit, il y a bien longtemps qu'il y avait des hauts fonctionnaires musulmans en France, mais jamais ils n'avaient été nommés sur un tel critère.

Cependant, passés ces moments de passion, le débat a, depuis, laissé place à des interrogations sur la discrimination tout court, notamment celle à l'embauche.

---

1. Catherine Halpern, *La discrimination positive face à ses paradoxes*, Sciences Humaines, n° 158, Mars 2005.

Le débat autour de la discrimination à l'embauche

Après ce qu'on avait appelé l'affaire du « préfet musulman », de nombreuses institutions ont ouvert le débat sur la question de la discrimination à l'embauche. Les présupposés paraissaient évidents : l'entreprise française est raciste et les Beurs et Blacks sont discriminés à l'embauche. La sonnette d'alarme doit être tirée et il convient de rappeler la responsabilité des entreprises.

Le rapport de l'Institut Montaigne

D'une centaine de pages, ce rapport a voulu, avant tout, faire le point de manière objective sur la situation actuelle. Ni accusateur, ni procédurier, il attire l'attention sur les difficultés rencontrées par « les minorités visibles », plus précisément par les enfants d'immigrés, lors du recrutement. Ces jeunes peinent à avoir des emplois stables et bien payés. D'autre part, il rappelle l'inefficacité du dispositif public et du droit.

Ce rapport a eu pour effet le vote d'une nouvelle loi. Le législateur a décidé d'agir en adoptant la loi du 30 décembre 2004 (JO n° 304 du 31/12/2004) qui instituait la Haute autorité de lutte contre les discriminations et pour l'égalité (HALDE). Cet organisme doit lutter contre toutes les discriminations en aidant les victimes à faire valoir leurs droits, étendant ainsi le principe républicain d'égalité de traitement entre les personnes.

D'autre part, à l'initiative de ce rapport, une quarantaine d'entreprises ont signé « la Charte de la diversité »[1] le 22 octobre 2004 et se sont engagées, entre autres, à « *refléter la diversité de la société française, et notamment sa diversité culturelle et ethnique {…} aux différents niveaux de qualification* ».

L'inefficacité du droit français

Or, la loi française interdit déjà formellement toute discrimination à l'embauche. Contrevenir à cette loi est sanctionné à la fois sur le plan pénal (Article 225-1 du nouveau code pénal) et sur le plan civil (Article L. 122-45 du code du travail). L'employeur est, le cas échéant, condamné à une peine, en ce qu'il a violé une valeur fondatrice de la société.

Le code pénal reconnaît comme discrimination directe « *toute distinction opérée entre les personnes physiques en raison de leur origine, de leur sexe, de leur situation de famille, de leur appartenance physique, de leur patronyme, de leur état de santé, de leur handicap, de leurs mœurs, de leur orientation sexuelle, de leur âge, de leurs opinions politiques, de leurs activités syndicales, de leur appartenance ou de leur non-appartenance, vraie ou supposée, à une ethnie, une nation, une race ou une religion* »

---

1. Disponible sur Internet à l'adresse suivante : http://www.institutmontaigne.org/pdf/cdld.pdf

déterminée ». Cette mesure concerne aussi les différentes procédures de recrutement – et s'applique également pour les stages, les formations et les licenciements.

Le code du travail, depuis la modification de la loi du 16 novembre 2001, reconnaît une autre forme de discrimination, celle qui est indirecte : « *Aucune personne ne peut être écartée d'une procédure de recrutement ou de l'accès à un stage ou à une période de formation en entreprise, aucun salarié ne peut être sanctionné, licencié ou faire l'objet d'une mesure discriminatoire, directe ou indirecte.* » Encore plus clair et plus explicite est l'article L. 122-45 du code du travail qui précise à la suite des quelques lignes ci-dessus : « *Notamment en matière de rémunération, de formation, de reclassement, d'affectation, de qualification, de promotion professionnelle, de mutation ou de renouvellement de contrat, en raison de son origine, de son sexe, de ses mœurs, de son orientation sexuelle, de son âge, de sa situation de famille, de ses caractéristiques génétiques, de son appartenance, vraie ou supposée, à une ethnie, une nation ou une race, de ses opinions politiques, de ses activités syndicales ou mutualistes, de ses convictions religieuses, de son apparence physique, de son patronyme, ou, sauf inaptitude constatée par le médecin du travail dans le cadre du titre IV du livre II du présent code, en raison de son état de santé ou de son handicap. Aucun salarié ne peut être sanctionné, licencié ou faire l'objet d'une mesure discriminatoire visée à l'alinéa précédent en raison de l'exercice normal du droit de grève. Aucun salarié ne peut être sanctionné, licencié ou faire l'objet d'une mesure discriminatoire pour avoir témoigné des agissements définis aux alinéas précédents ou pour les avoir relatés. En cas de litige relatif à l'application des alinéas précédents, le salarié concerné ou le candidat à un recrutement, à un stage ou à une période de formation en entreprise présente des éléments de fait laissant supposer l'existence d'une discrimination directe ou indirecte. Au vu de ces éléments, il incombe à la partie défenderesse de prouver que la décision est justifiée par des éléments objectifs étrangers à une discrimination. Le juge forme sa conviction après avoir ordonné, en cas de besoin, toutes les mesures d'instruction qu'il estime utiles. Toute disposition ou tout acte contraire à l'égard d'un salarié est nul de plein droit. »*

Malgré l'interdiction de discrimination formelle et informelle, on a constaté de nombreux cas où des candidats ont été victimes de cette pratique sans pouvoir y réagir. Il est, en effet, à peu près impossible d'apporter la preuve qu'on a été victime d'une telle discrimination. Car la preuve incombe à la victime qui n'a pas accès aux documents internes de l'entreprise et qui ne peut donc jamais rien prouver. Rares sont par ailleurs les procureurs – mais il en existe, en particulier à Paris – qui décident d'instruire sur une simple présomption sans preuve. Il est vrai que la poursuite des cas de discrimination à l'embauche n'a jamais été placée parmi les priorités de la justice. On n'a jamais non plus, sauf en droit du travail, pensé à retourner la procédure et à demander à l'employeur de se défendre des accusations portées par celui qui s'estime victime d'une discrimination.

De plus, l'argument juridique n'a guère de valeur si on pense que, pour une entreprise, c'est la rentabilité économique seule qui, le plus souvent, prime. Si un groupe significatif de clients de l'entreprise ne veut pas être mis en contact avec tel type d'employés, le patron « doit » en tenir compte. On imagine mal un restaurant chinois avec des employés tous noirs. Que serait un magasin de lingerie fine qui n'aurait que des vendeurs masculins ? Après tout, beaucoup d'immigrés souhaitent voir examiner leurs femmes par des médecins femmes et comprennent très bien cet argument.

Bref, très peu d'entreprises ont été condamnées en France pour délits de discrimination car il s'agit le plus souvent de pratiques difficiles à démontrer. On ne peut pas, pour cette raison également, mesurer ces pratiques. Et on le peut d'autant moins qu'il est interdit en France d'introduire dans les statistiques des données relatives à la religion ou à l'origine nationale des personnes recensées. Personne n'a donc le droit aujourd'hui de mesurer les discriminations effectives et, à supposer qu'on puisse le faire, on ne pourrait pas publier ces résultats. Tout se passe comme si, en raison des interdits imposés jusqu'à présent par la CNIL[1], la société française ne voulait pas savoir ce qui se passe effectivement dans ses entreprises ou ailleurs. Comment lutter contre un phénomène, et éventuellement mesurer des progrès de la situation, si on choisit de ne pas voir les choses en face ? Il y a donc des questions préalables très graves qui portent sur une certaine lecture de la Constitution.

---

1. Commission Nationale de l'Informatique et des Libertés.

Cela n'a pas empêché deux rapports contenant des propositions de solutions de venir relancer le débat. On sait, en effet, qu'il y a un vrai problème de « fracture sociale ». On sait que celle-ci actuellement s'aggrave et que des phénomènes de communautarisme apparaissent dans notre société. On propose donc des solutions, mais le plus souvent on s'interdit d'en évaluer précisément, de mois en mois, l'efficacité. Il y a là un véritable paradoxe puisqu'on sent qu'il y a une obligation de moyens sans, pour autant, qu'il y ait une obligation de résultats.

Ainsi, on a imaginé de faire progressivement accompagner le dispositif juridique existant, mais reconnu comme inefficace, par une forte activité administrative. On peut rappeler quelques étapes dans ces décisions :

- en 1998, une communication de la ministre de l'Emploi en Conseil des ministres fait « *de la lutte contre les discriminations, dans toutes ses dimensions, un des axes forts de la politique d'intégration* ».
- en janvier 1999, une circulaire du ministre de l'Intérieur aux préfets met en place les commissions départementales d'accès à la citoyenneté (CODAC).
- en mars 1999, le Conseiller d'État Jean-Michel Bellorgey rend à la ministre de l'Emploi un rapport intitulé « Lutter contre les discriminations », et en avril de la même année, une convention établit la constitution d'un Groupe d'étude des discriminations (GED).
- en mars 2000 est mis en place un numéro d'appel gratuit, le 114, articulé au réseau CODAC.

– en 2004, le Premier ministre annonce son intention de faire de cette même année celle *« du combat pour l'égalité des chances et de la lutte contre les discriminations »*, etc.

En quoi cet activisme administratif, certes lié à de pieuses intentions, change-t-il la situation ? On peut s'interroger.

Le rapport de Claude Bébéar

On va plus loin avec le rapport que Claude Bébéar a réalisé en novembre 2004 à la demande du gouvernement « Des entreprises aux couleurs de la France ». Claude Bébéar invite les entreprises à *« diversifier »* leurs recrutements et ce *« à tous les niveaux de responsabilité »* et à promouvoir des salariés d'origines diverses.

Dans ce rapport sont proposées 24 mesures[1] en faveur des « minorités visibles », qui ne nécessitent ni *« argent supplémentaire ni nouveaux textes de loi »*, mais qui, selon Claude Bébéar, devraient favoriser une évolution des mentalités, en particulier celles des recruteurs et des chefs d'entreprise. C'est là un point essentiel qui peut se justifier par la responsabilité sociale des entreprises, mais qui peut aussi se légitimer autrement par des considérations purement économiques. *« La loi exige aujourd'hui des entreprises un comportement non discriminatoire sans leur*

---

1. Ces propositions seront évoquées à la deuxième partie.

donner les moyens nécessaires à la mesure de l'étendue des discriminations. » Parmi les principales préconisations de ce rapport, c'est celle de l'adoption du CV anonyme qui a suscité le plus de réactions.

Le CV anonyme, nouveau sujet à polémique

Pour les adeptes de cette démarche, le CV anonyme devait d'abord faciliter l'accès à un premier entretien d'embauche, en remédiant à l'élimination du candidat qui peut s'opérer par les rubriques du CV qui ne sont pas directement liées aux compétences pures.

Cette proposition a été sévèrement contestée : on l'a accusée de s'attaquer aux effets plutôt qu'aux causes et lorsque Françoise de Panafieu, député UMP, a présenté un amendement au projet de loi de cohésion sociale visant à rendre la pratique du CV anonyme obligatoire pour toutes les entreprises de plus de 250 personnes, cette initiative a provoqué un véritable tollé et l'amendement ne fut pas maintenu.

Syntec Recrutement, le syndicat de la profession des recruteurs, s'est clairement positionné contre le CV anonyme car, selon lui, d'autres moyens existent pour lutter contre la discrimination. Il est signalé également que, selon la charte déontologique des adhérents, c'est-à-dire de beaucoup de recruteurs français, « *le conseil en recrutement n'exerce aucune discrimination ethnique, sociale, syndicale, sexuelle, politique, religieuse et d'âge* ».

Qu'en pensent les autres acteurs sociaux ? Maryse Puatti, directrice de Contrat de ville à Thionville, trouve les propositions insuffisantes car, comme elle dit : « *Les beaux documents, c'est bien, mais s'il n'y a pas derrière un gros travail de prise de conscience, cela ne sert à rien. C'est comme pour le CV anonyme. Cette mesure ne donnera rien si elle n'est pas accompagnée d'actions concrètes car si la discrimination n'a pas lieu à la réception du CV, elle se fera plus loin. Pour cette raison, le CV anonyme n'est pas la réponse adéquate aux problèmes que connaissent aujourd'hui des catégories de population – je ne sais plus comment les appeler, se demande-t-elle, car beaucoup de Beurs de deuxième génération sont totalement invisibles –. Peut-on continuer à parler, dans ces conditions, de « minorités visibles » ? Il ne faut pas se moquer des gens, ce n'est pas le CV anonyme qui va régler les problèmes si le DRH n'a pas fait un bon travail de prise de conscience qui consiste à ne recruter les gens que sur le critère de la compétence.* »

Le problème est que, dans les entreprises, on ne recrute pas sur le critère de la compétence seule. On se fait une idée de la culture d'entreprise et de l'éventuelle adaptation de la personne recrutée à cette culture. On peut aussi avoir des exigences concernant les valeurs morales et dans ce cas, on peut juger à partir d'anciennes expériences positives ou négatives. Et c'est peut-être là où le bât blesse.

Le CV anonyme a pourtant ses partisans. Karim Oumnia, le patron de Baliston, une société spécialisée dans le développement et la fabrication de chaussures de sport haute technologie et de produits chaussants mode, adhère à un certain CV anonyme, sous certaines conditions : « *Je discute beaucoup avec des chefs d'entreprise comme Étienne Mougeotte ou le président de Renault, Louis Schweitzer, mais aussi avec des hommes politiques au sujet de la discrimination. Je leur dis que je suis adepte du CV anonyme, celui duquel on ne retire que le nom et le prénom car c'est le seul endroit du CV qui ne donne aucune information objective pour le premier entretien qui sert à recevoir les candidats. Toutes les autres informations sont nécessaires. La photo n'a aucun intérêt non plus, sauf si vous recrutez une hôtesse d'accueil dont le physique est nécessaire pour l'emploi. Ensuite, on affine après le premier entretien. Quand les chefs d'entreprise me disent « non c'est de la connerie », je leur réponds : « La connerie c'est vous, vous ne savez pas de quoi vous parlez. » Il y a une discrimination à l'embauche, elle existe et je l'ai vécue, personnellement, en cherchant des stages. Psychologiquement, cela pèse, et le nom peut être une grande barrière. Après l'entretien, vous avez le temps de virer Mohamed car vous ne le voulez pas, mais au moins Mohamed aura pu avoir son entretien. Cela l'aura motivé et par la suite il pourra se dire : « Bon, je n'ai pas été bon à l'entretien. » C'est-à-dire avoir de vraies raisons. »*

Devant un CV sans photo, Sophie de Menthon, chef d'entreprise, prétend qu'elle est terriblement frustrée. C'est la raison pour laquelle elle est contre le CV anonyme. « *Je vais prendre le plus beau, le plus séduisant, celui qui a quelque chose dans le regard, celui qui me séduit. Oui, c'est injuste, mais je n'ai qu'un poste à offrir et de ce poste dépend le développement de mon entreprise. Je vais prendre celui qui me séduit le plus.* »

47

C'est que tous les DRH ou tous les patrons ne recrutent pas sur des critères identiques. Certains ont besoin de voir et font confiance à leur intuition, d'autres non. Il est difficile d'imposer des procédures communes à une population très différenciée. On peut, au moins, proposer des visions communes si celles-ci sont fondées rationnellement.

Alors, le CV anonyme, gadget ou vraie solution ? Le débat autour de cette proposition s'est rapidement dégonflé. Il a fallu tenir compte des nombreuses oppositions des chefs d'entreprise, notamment ceux des PME qui n'aiment pas qu'on les contraigne et pour qui cette proposition représente une charge supplémentaire, ainsi que des candidats eux-mêmes qui souhaitent accéder de manière démocratique au travail et qui savent bien qu'on ne peut pas « forcer la main à un employeur s'il ne veut pas un Noir dans sa boîte », comme le fait remarquer Abdul qui rédige ses dossiers de candidatures à l'APEC. Un recrutement est un double choix volontaire. Et si ce n'est pas le cas, on va rapidement à l'échec.

En résumé, le CV anonyme peut paraître comme une solution « démocratique » d'accéder, non pas à un emploi, mais seulement à un entretien d'embauche. Pour cette raison, il ne semble pas être la solution idéale aux problèmes de discrimination. Certains y voient même une incitation à celle-ci, par la simple caractéristique de l'anonymat.

© Eyrolles

Autres constats, autres actions

Parallèlement à de nombreux rapports, des études sont menées et donnent quelques chiffres, au demeurant contradictoires. Ainsi le Credoc conclura, en 2004, que les français d'origine maghrébine ont deux fois moins de chances d'accéder à un emploi de cadre (à âge et diplôme égaux) que les français de souche. *« Piètre consolation dira-t-on, ils sont deux fois moins défavorisés que leurs camarades à la peau noire, français d'origine africaine. »*[1] Ce qui signifie que tout le monde est touché par les difficultés de l'accès aux emplois de cadre.

Une expérimentation, fondée sur le principe venu d'Outre-Atlantique du *testing*, a été menée par l'Observatoire des discriminations sous la direction de Jean-François Amadieu, professeur de sociologie à la Sorbonne (Université Paris 1). Par cette étude, il a voulu vérifier l'hypothèse selon laquelle il était plus difficile pour des candidats atypiques de trouver du travail. On affirmait, en effet, sur la base d'une étude antérieure, que les Beurs et Blacks avaient 5 fois moins de chances d'être convoqués à un entretien d'embauche que les autres français, que les handicapés avaient 15 fois moins de chances et les seniors 4 fois moins. Était-ce vrai dans tous les cas ? Pour réaliser ce *testing*, six acteurs ont été engagés à jouer le rôle d'un candidat à un poste de commercial. Il s'agissait de mettre en scène une Beurette, un Noir d'origine française, un

---

1.   « L'heure des beurs », *L'Express* du 20/09/2004.

français légèrement handicapé de la main, un quinquagénaire, un obèse et un homme de 30 ans dit « candidat de référence » dont le profil serait idéal pour le type de poste recherché. Ces futurs candidats ont été formés et préparés aux entretiens et 1 900 réponses à des petites annonces ont été envoyées aux futurs recruteurs. L'essai a duré, en tout, un mois.

Premier constat : la discrimination à l'embauche est confirmée et commence dès la publication de l'annonce qui offre l'emploi. La fourchette d'âge, interdite en France depuis la nouvelle loi du code pénal de 2001, est présente dans 14 % de ces annonces. En revanche, si la discrimination existe, elle reste difficile à prouver car elle est rarement explicite.

À la fin du *testing*, la candidate maghrébine avait reçu cinq fois moins de réponses positives que le candidat de référence. Cependant, les deux tiers des entretiens décrochés par elle furent positifs. Pour le Noir, la couleur de peau n'a pas posé de problèmes pour son embauche. Par contre, le plus difficile fut pour l'obèse au physique ingrat, suivi du quinquagénaire et de l'handicapé. Pour la première fois en France, on a testé l'effet du lieu de résidence (un mauvais quartier) et d'un visage disgracieux. L'étude a démontré qu'il y avait bien, dans ces deux cas, discrimination, même si elle est de moindre ampleur (environ deux fois moins de réponses positives).

Alors doit-on en conclure que l'entreprise est raciste ? On peut en douter puisqu'à la fois les candidats Beurette et Black furent embauchés. Mais attention, après un grand nombre d'envois et surtout une bonne préparation à l'épreuve. D'autre part, il n'y avait pas d'enjeux pour ces comédiens qui arrivèrent détendus aux entretiens et qui furent embauchés peut-être aussi pour cette raison. Quelqu'un qui serait *a priori* convaincu qu'il ne sera pas embauché peut manifester son stress et ne pas être recruté précisément pour cette raison. Il faut donc être très prudent dans les accusations que l'on peut spontanément porter contre les uns ou les autres car les causes peuvent ne pas être celles que l'on croit.

Conscient de ce problème, Jean-François Amadieu, qui constate que les discriminations sont multiformes et cumulatives, préconise une bonne préparation des entretiens car elle permet aux candidats d'être plus performants et d'obtenir un bon taux de succès, même si, *a priori*, ces candidats pouvaient se croire victimes de discrimination. Il préconise ensuite le CV anonyme lequel, selon lui, permettrait au candidat de décrocher un entretien, mais il conclut aussi qu'il y a un lien entre la discrimination et le taux élevé de chômage du fait que l'on ne s'appuie pas suffisamment sur le critère des compétences, mais sur d'autres critères subjectifs, ce qui maintient les demandeurs d'emploi plus longtemps au chômage. On arrive, en effet, à faire effectivement recruter des comédiens bien entraînés et donc incompétents. Cela peut engendrer un gâchis dont pourraient être victimes justement ceux qui disposent de compétences réelles.

Les résultats de ce *testing* peuvent également être lus d'une manière positive car, à part l'homme à l'aspect ingrat, et qui n'était ni Beur ni Black, tous ont pu trouver, certes avec beaucoup de persévérance voire d'acharnement pour certains d'entre eux et une aide extérieure, un emploi. Quant au quinquagénaire qui n'a pas été recruté, cela s'explique surtout par la rigidité de la loi en ce qui concerne le recrutement d'un senior : en cas de licenciement, l'entreprise serait trop pénalisée.

Alors, Beurs et Blacks sont-ils systématiquement victimes de discrimination à l'embauche et les entreprises françaises sont-elles racistes ? On peut le penser, mais aussi avoir de très sérieux doutes tout à fait motivés sur ce point. Une seule chose est évidente. L'entreprise recrute ceux qu'elle pense être les meilleurs, ou plutôt, ceux dont elle pense avoir besoin. Ce sont les candidats qui se sont préparés et qui ont été entraînés pour se battre et ne pas céder au découragement dans la recherche d'emploi, qui ont les meilleures chances de susciter chez le recruteur ce sentiment qu'ils sont « l'homme ou la femme de la situation ».

En tout cas, en 2004 et 2005, on a connu une véritable mobilisation contre la discrimination à l'embauche visant explicitement les entreprises. Effet de mode, perceptions idéologiques ou vrai enjeu de société ? Politiques, associations et médias lancent de nombreux débats, contradictoires et parfois passionnés, sur ce thème où les mots utilisés ne semblent pas avoir le même sens pour tous : « intégration », « assimilation », « insertion » ou, plus encore « discrimination positive » et « diversité ».

On a ainsi vu, en avril 2005, des actions multiples en faveur des minorités. Les médias ont même organisé une « semaine de l'intégration » ! Nouvelle fête qui s'ajoute à la fête des Mères, des Pères ou de la Saint Valentin. Mais on ne sait pas si cette manifestation se renouvellera et l'on court le risque d'un zapping ; que, le thème étant passé de mode, on cesse rapidement de l'évoquer…

Le gouvernement a tenu récemment à exprimer une reconnaissance vis-à-vis de quelques Français d'origine étrangère. « Le Forum de la réussite des Français qui viennent de loin » a récompensé, entre autres, des acteurs comme Isabelle Adjani et des chefs d'entreprise comme Karim Oumnia, patron de Baliston. Ce forum organisé à l'Assemblée nationale est-il amené à se reconduire dans les années à venir et quels en sont le but et les effets ?

La population Beur et Black, elle, ne se reconnaît pas toujours dans ces débats. Elle constate que l'idée de discrimination positive est une idée floue, souvent confondue avec celle des quotas qu'elle refuse catégoriquement. Beaucoup contestent également l'usage du mot intégration, soulignant que celle-ci est déjà faite, comme est repoussée l'appellation « jeune d'origine… », puisqu'on se demande jusqu'à quand il sera fait référence à cette origine invoquée pour ne pas accepter justement le statut de citoyen pleinement titulaire de ses droits. Ce qui semble prévaloir globalement, c'est l'acceptation de l'égalité républicaine. C'est la revendication toute simple d'avoir les mêmes chances que chaque autre Français, sans favoritisme ni différence ; et en particulier la chance de pouvoir obtenir un entretien d'embauche où le candidat pourra véritablement se battre pour convaincre. C'est ce que prétend garantir le CV anonyme. Il est aussi absurde de demander qu'il y ait tel pourcentage de cheveux noirs ou d'yeux bleus dans les entreprises que de Beurs ou de Blacks. Il faudra chercher ailleurs pour établir de meilleures relations entre ces jeunes et les entreprises.

DEUXIÈME PARTIE

Pour comprendre ce qui se joue

Les symptômes d'un malaise

Amin, Haïdar, Mehdi, Wassim et Malik : on retrouve, à peine différents, d'autres cheminements d'enfants d'immigrés, qu'ils viennent de la banlieue lilloise, de Toulouse ou de Clermont-Ferrand ; les nostalgies, les contradictions, les peurs, les alibis, les espérances s'expriment parfois avec d'autres mots, d'autres accents, mais ils expriment toujours ce sentiment de ne pas avoir trouvé sa place, de ne pas savoir ni où l'on est, ni où l'on va, ni où l'on veut aller et cette impression qu'à force de subir ces interrogations vagues, floues et sans réponses, on ne se sent à peu près bien qu'entre compagnons de cette même incertitude. On touche là l'un des symptômes les plus inquiétants de cette « mal-évolution » de notre société, cette déchirure continue, lente, subie et de plus en plus acceptée, d'un tissu social : la collectivité se fragmente en groupes qui n'ont plus ni l'impression, ni le goût, ni la volonté de vivre ensemble.

Une ghettoïsation rampante

La société française n'est pas volontairement méchante, mais elle est insidieusement cruelle. Éric Maurin, dans *Le ghetto français*[1], décrit cette « *société de l'entre soi* » qui opère une ségrégation de moins en moins discrète entre les territoires, les populations les plus riches rejetant peu à peu les plus pauvres vers les périphéries et fabriquant, en toute bonne conscience, des ghettos qu'aucune politique sociale n'arrive plus ensuite à réduire : les pauvres se concentrent parce que les riches veulent rester entre eux. Et cela pour d'excellentes raisons : ils savent que leurs enfants auront le destin de leur voisinage et que, pour leur garantir le meilleur futur, il vaut mieux les scolariser à Versailles que dans une ZEP. Et cette ségrégation, territoire par territoire, ville par ville, quartier par quartier, rue par rue, produit, *in fine*, une exclusion qui risque d'être d'autant plus irrémédiable que le beau discours sur l'exigence de « mixité sociale » n'est le plus souvent même pas mis en œuvre par ceux – politiques, intellectuels, universitaires – qui s'en font les plus ardents propagandistes.

Transformation de l'économie et mutation des emplois

La double et brutale mutation de l'univers économique qui bouleverse la conception traditionnelle du travail et

---

1. Éric Maurin, 2004, *Le Ghetto français*, Le Seuil.

la nature des emplois concourt à figer durablement cette exclusion. D'une part, la mondialisation de la concurrence condamne progressivement, chez nous, les activités à faible valeur ajoutée, celles qui offrent le plus grand nombre d'emplois peu qualifiés. Christian Blanc rappelle, dans son dernier rapport[1], que notre seul choix socio-économique, c'est l'innovation permanente ou l'acceptation du modèle social des pays à bas salaires. Comme l'exprimait François Dalle, il faudrait non pas investir les seuls secteurs technologiques de pointe, mais aussi « mettre de la pointe » dans tous les secteurs, ce qui exige une élévation générale des qualifications. Ceux que la société a renvoyés vers ses marges voient ainsi s'éloigner un peu plus les chances de raccrocher leurs wagons au train du progrès. D'autre part, le passage de l'ère de la manufacture (où la performance dépendait de l'addition de tâches convenablement exécutées) à l'ère de la « cerveau-facture » (où c'est la multiplication des intelligences autour d'objectifs partagés qui crée la performance) accélère le largage de ceux qui ne sont pas connectés aux réseaux qui comptent. Jean Fourastié écrivait en 1950 : « *Les prolétaires sont ceux qui n'ont pas de réserves.* » Aujourd'hui, ce sont ceux qui n'ont pas de réseaux.

Bertrand Schwartz avait perçu, dès le début des années 1980, l'inéluctabilité de ces évolutions. Il avait mesuré combien elles menaçaient une partie de la jeunesse, combien elles risquaient de condamner ceux que le

---

1. Christian Blanc, 2004, « Pour un écosystème de la croissance », rapport au Premier ministre.

système éducatif avait mis sur la touche, que l'urbanisme avait marginalisés et que la société s'apprêtait à discriminer pour absence de qualification, pour toutes sortes d'écarts par rapport à la norme convenablement admise du « jeune convenable » ou, tout simplement, pour « délit de faciès ».

Ainsi que le rappelait le récent rapport Bébéar[1] sur les discriminations face à l'emploi, il ne fait pas bon être Black ou Beur quand on pose sa candidature à un poste professionnel : des tests conduits par l'Observatoire des discriminations (Université Paris 1) montrent qu'à qualification égale, un candidat au nom maghrébin a cinq fois moins de chances d'être convoqué pour un entretien d'embauche que le porteur d'un patronyme français.

Malaise dans le choix des mots

Et pour parler de ce phénomène, manifestement, la France a peur. Rapports, articles ou livres écrits sur la discrimination à l'embauche consacrent de longues introductions alambiquées pour s'excuser d'avance des mots qui seront utilisés – races, ethnies, Maghrébins, Noirs… – mots que les auteurs semblent trouver insupportables et qu'ils n'utilisent que du bout de la plume en précisant que ceux-ci n'expriment que les représentations mentales et dévoyées d'une société malade. Le

---

1. Rapport de Claude Bébéar à Jean-Pierre Raffarin : « Des entreprises aux couleurs de la France », novembre 2004.

sympathique auteur d'un rapport sur les discriminations au recrutement en Meurthe-et-Moselle[1] se croit même obligé de préciser dès ses premières lignes : « *S'il est acquis qu'il n'existe pas de races humaines, ce terme peut paraître déplacé, cependant il fait référence à une réalité dans l'esprit de certains individus.* » Il semble oublier que la Constitution française, à l'instar de la Déclaration des droits de l'homme, établit clairement l'existence des races en précisant que l'égalité doit être garantie entre les citoyens, « *sans distinction de sexes* » (ce qui rappelle qu'il existe des femmes et des hommes), ni « *distinction de races* » (ce qui souligne leur multiplicité). Le racisme, ce n'est pas de constater l'existence de « races », mais d'établir entre elles une hiérarchie de valeurs.

La même pudibonderie langagière conduit à préférer « d'origine maghrébine » à arabe, « populations de couleur » à Noirs et à considérer que « Beurs » ou « Blacks » constituent des appellations agressives alors que les citoyens concernés en ont fait des mots-drapeaux, des oriflammes qui traduisent leur propre fierté. Comme l'écrit Jean-Michel Belorgey[2], on gagnerait du temps et de l'efficacité sociale, en recourant en ce domaine à « *une parole moins empesée qui se dispense du non-dit et de la peur des mots* ».

D'où viennent ces frilosités sémantiques ? Qu'est-ce qui peut expliquer ce repli dans la « langue de coton »,

---

1. Vincent Ferry, 2002, « L'absence de lien "emploi/formation" chez les immigrés de France : une réalité qui s'estomperait ? », Nancy, LASTES.
2. Cf. Jean-Michel Belorgey.

cette crainte d'affronter dans la vérité du réel les difficultés de notre société, sa « mal-évolution » ? Sans doute cela vient-il de ce que les principes de la République – liberté, égalité, fraternité – se veulent universels et que ce serait souligner les limites de leur réelle mise en œuvre que de reconnaître la permanence d'une différence de traitement entre citoyens, sur notre territoire, selon l'origine ethnique, la « race » ou l'apparence physique, en dépit de toutes nos belles affirmations. Et pourtant la meilleure façon d'apporter des solutions à cet inacceptable état de fait n'est certainement pas d'adopter la politique de l'autruche ou de fuir dans un verbiage emberlificoté sur « les difficultés d'insertion des jeunes issus de l'immigration ». Nous savons tous que ces propos contournés et généraux ne concernent pas tous les jeunes issus de toutes les immigrations mais, pour l'essentiel, certains des enfants de ceux que la France a fait venir du Maghreb et d'Afrique Noire dans les cinquante dernières années parce qu'alors, elle y trouvait son compte.

Encore des aigreurs

Nous savons tous, comme le rappelait dans un de ses rapports Michel Belorgey[1], que se cachent derrière ces « difficultés », les aigreurs réciproques liées à la décolonisation, le sentiment de propriété du territoire des autochtones de souche, ou se percevant comme tels

---

1. *Ibid.*

(« Ils viennent manger le pain des français » selon la caricature de Fernand Raynaud), la concurrence pour l'emploi liée aux impacts de la mondialisation, la peur de la contagion du sous-développement économique lié aux flux migratoires et à la ghettoïsation rampante du territoire. Ce à quoi il faut ajouter le destructeur jeu de miroir déformant entre des représentations mentales négatives qui se renforcent en s'opposant et qui poussent les uns à refuser l'embauche de jeunes, perçus comme inassimilables dans des organisations productives structurées, et les autres à se complaire dans un statut de victimes qui les précipitent vers un repliement communautaire à la fois stérile et agressif.

Dans une société de liberté telle que la nôtre, quand on constate ce type de symptômes, la pire façon de réagir, c'est de désigner des coupables et des victimes qui, dans le cas des difficultés à l'embauche et selon le point de vue où l'on se place, seraient les entreprises ou les jeunes Beurs et Blacks. Dans cette sorte de problématique complexe, il ne peut y avoir que des responsabilités partagées, celles des entreprises bien sûr, mais aussi celles des jeunes eux-mêmes, celles de leur famille, du système éducatif, des politiques publiques, du discours des médias et de chaque citoyen dans ses choix de vie et ses attitudes quotidiennes.

Élément 2

Oui, la France est... métissée

L'immigration et ses conséquences sont un vieux débat en France. Et pour cause, il concerne tous les français sans aucune exception.

Rappelons tout d'abord que, selon l'Institut national d'études démographiques (l'INED), un français sur cinq est né d'au moins un parent immigré, et qu'un français sur quatre a, au moins, un grand-parent immigré. C'est dire combien la France est métissée.

Pour comprendre le phénomène Beur et Black, un bref rappel historique de l'immigration peut aider.

Depuis le IXe siècle, la France a accueilli trois grandes vagues d'immigrés. La première (1850-1914) correspond à la Révolution industrielle qui requérait une main-d'œuvre massive qu'on a trouvée d'abord chez les voisins belges et italiens, rejoints par les Espagnols et les Polonais. La seconde vague, après la Première Guerre mondiale (1920-1931), est venue reconstruire un pays dévasté. Mais comme la main-d'œuvre européenne était insuffisante, on s'est adressé aussi aux populations des colonies ou protectorats français : d'où l'arrivée de populations venues d'Afrique noire et du Maghreb. Mais la France, devenue terre d'accueil, accueillit également des réfugiés politiques, notamment en provenance d'URSS, ainsi que des juifs qui fuyaient l'Allemagne. La crise économique des années 1930 est venue mettre fin à cette immigration, entraînant l'émergence d'un début de racisme contre ce qu'on appelait à l'époque les « Polacks » et les « Ritals ».

Après la Seconde Guerre mondiale, la France a connu sa plus grande vague d'immigration (1945-1974) car elle avait, à nouveau, besoin d'une main-d'œuvre massive pour reconstruire le pays, d'autant que l'Europe connaissait alors une belle prospérité économique : les trente glorieuses. C'est à ce moment surtout que des Maghrébins, sollicités par les entreprises, sont venus massivement, notamment les Algériens dont le pays avait, jusqu'à l'indépendance en 1962, le statut de Département français. Puis il y eut des Marocains, des Tunisiens et des Africains. Il s'agissait, dans l'esprit de tous, d'une immigration provisoire d'une main-d'œuvre masculine, résidant essentiellement dans des foyers pour immigrés ou dans des bidonvilles. Ces personnes travaillaient le plus souvent dans les usines,

66

en particulier du secteur automobile, dans le bâtiment ou encore dans la sidérurgie ou les mines.

En 1973, le premier choc pétrolier est venu remettre l'immigration en question puisque les immigrés étaient directement touchés par la crise économique qui frappait les secteurs dans lesquels ils travaillaient, les rendant inutiles. L'État français décida alors de stopper l'immigration, mais il autorisa simultanément le regroupement familial, ce qui changea profondément les conditions de séjour des immigrés. Ainsi, peu à peu, l'immigration de travail est devenue une immigration de peuplement, qu'on a regroupée dans des banlieues rapidement transformées, comme le souligne Jean-Marc Stébé, et devenues non plus « *lieu d'intégration* », mais « *lieu de l'exclusion* »[1]. On ne peut plus, désormais, expulser ces personnes accueillies jadis momentanément, puisque 80 % des travailleurs étrangers avaient, en 1988, une carte de résidence de 10 ans, renouvelable automatiquement ; mesure votée à l'unanimité par l'Assemblée nationale en juillet 1984. Or c'est à cette époque qu'ont commencé des licenciements massifs. On a aussi vu augmenter les pratiques de précarisation de l'emploi, alors qu'arrivaient massivement sur le marché du travail des femmes puis des jeunes issus de l'immigration. On a donc assisté à la fois au développement du chômage pour la plupart et, pour certains, à un glissement vers des activités autres : artisanat, restauration, commerce et petit patronat.

© Eyrolles

---

1. Jean-Marc Stébé, 1999, *La crise des banlieues*, Paris, PUF.

Il est vrai que la fin de l'ère de la manufacture est également venue bouleverser le statut de l'immigré. On reprochait déjà aux nouveaux étrangers de concurrencer les travailleurs français, alors que la présence même en France de « celui qui est venu manger le pain des français » ne se justifiait que par le travail. Beaucoup d'étrangers envisagèrent alors un retour au pays, mais leurs enfants qui allaient à l'école en France commençaient à penser que leur avenir se ferait dans leur pays de naissance dont ils pouvaient obtenir automatiquement la nationalité. Ainsi l'espoir d'un retour au pays est devenu de plus en plus incertain, même pour ceux qui avaient investi dans l'immobilier dans leur pays d'origine, et cela aux dépens de la qualité de vie en France et des dépenses dans l'éducation de leurs enfants.

La sociologie française montre qu'il faut deux à trois générations pour pouvoir progresser socialement. L'histoire de l'immigration en France traduit qu'il faut un même laps de temps pour être assimilé dans cette société et ne plus faire l'objet de rejet, tout particulièrement de la part des précédents étrangers. Cela a été le cas pour les Italiens ou les Polonais. La même loi jouera-t-elle pour les immigrations maghrébines ou noires ? Certains le croient. D'autres soulignent qu'il y a des obstacles supplémentaires en raison des différences religieuse et culturelle, mais également en raison du passé colonial dont les traces sont encore perceptibles dans les rapports entre la France et ses ex-colonies, ce qui n'a pas été sans poser parfois de sérieuses difficultés aux gouvernements français successifs.

Les années 1980

Ainsi, les années 1980 ont-elles été très largement marquées par le débat sur l'immigration qui occupe une place de plus en plus grande sur la place politique[1], qui devient un thème fort des campagnes électorales et un domaine privilégié des débats parlementaires[2]. « Les immigrés, enjeu électoral »[3] titrait *Le Monde* pendant que Jean-Marie Le Pen ne cessait de rappeler son équation préférée entre l'immigration et le chômage, traduisant en chiffres souvent fantaisistes, le coût de l'immigration. L'immigration dont il était question est essentiellement maghrébine et les discours autour de la question se sont multipliés et banalisés, laissant place à des spéculations passionnées qui n'ont pas toujours apporté de clarification à une opinion publique qui voulait se faire une idée précise des faits. Pendant ces années, le gouvernement cherchait à maîtriser les flux migratoires et à faciliter l'intégration des étrangers qui vivaient en France. Mais les débats restaient entourés de flou, de chiffres contradictoires et de surenchères, ce qui ne facilitait pas la lecture d'un phénomène grandissant et ne rassurait pas l'opinion publique, si bien que « *à force de parler de racisme et d'intégration, de Beurs, d'islam, et de code de la nationalité, on a fini par oublier que les immigrés sont venus en France pour travailler* »[4]. On commençait

---

1. Andréa Rea, Marc Tripier, 2003, *Sociologie de l'immigration*, Paris, La Découverte.
2. Le Moigne et Lebon, 1986, *L'immigration en France*, Paris, PUF.
3. *Le Monde* du 02/02/1988.
4. *Ibid.*

même à les accuser d'être une charge pour la France, ce qui orientait le débat davantage vers le racisme.

Face à ce désarroi, la recette miracle du Front national était alors « reconduisons-les à la frontière ! », pendant que d'autres mouvements de gauche affirmaient : « *la France manque d'immigrés* »[1].

Combien étaient-ils ? À cette question banale, on n'a pas toujours su donner de réponses précises car les statistiques se répartissaient en trois groupes : les recensements, les chiffres du ministère de l'Intérieur et ce qu'on appelle les statistiques de base, élaborées par différents offices ou établissements publics, comme l'OMI ou l'INED. Les derniers chiffres connus, en 1990, portaient le nombre d'immigrés en France à 3,59 millions, toutes nationalités confondues, auxquels il fallait ajouter des clandestins dont le chiffre était estimé entre un et un million et demi de personnes. Pour les enfants issus de l'immigration, le droit du sol (ceux qui sont nés sur le territoire français peuvent demander à devenir français) ou le droit du sang (ceux dont un des parents est français peuvent également acquérir la nationalité française) accordaient le droit d'avoir la nationalité française. En outre, ceux qui avaient décidé de rester en France demandaient massivement la nationalité française.

---

1. *Politis*, ancien hebdomadaire de gauche.

Ces mouvements migratoires ont donné lieu à au moins deux types de familles emblématiques. La famille ouvrière composée d'un homme actif, une femme au foyer et des enfants souvent nombreux, et puis la famille « intellectuelle » composée d'un père étudiant puis salarié, d'une femme souvent française active et d'un ou deux enfants.

L'exemple type de la famille Hassan

À 23 ans, Ahmed est arrivé du Rif, région pauvre du nord du Maroc, en 1972, sans diplôme et sans aucune qualification. Il a été placé dans un foyer pour immigrés et engagé comme maçon. Au bout de quatre années de travail, ses économies lui ont permis d'envisager de fonder une famille. C'est alors au Maroc, à Tanger, qu'il est allé demander la main d'une jeune fille d'à peine 19 ans, de bonne famille que son frère connaissait, mais qui n'avait jamais envisagé de quitter son pays. Mais comme on le dit là-bas, c'est la volonté divine qui les a réunis. C'était écrit. Khadija, après le mariage, fut obligée de rester au Maroc pendant une année en attendant d'obtenir l'autorisation de rejoindre son mari. Les nouveaux mariés se sont écrits de temps à autre pour apprendre à se connaître et Khadija s'imaginait que la France devait être un superbe pays. Et si elle le pensait, c'est parce qu'elle connaissait déjà l'Espagne. Elle avait certes envie de vivre avec son mari, mais elle ne pouvait envisager de passer le restant de sa vie en France car elle adorait son pays et surtout sa famille. Alors, à son arrivée en France, lorsqu'on lui a proposé une carte de 10 ans, elle a voulu la refuser car, disait-elle : « Il n'est pas question que je passe 10 ans ici ! » Elle s'est retrouvée dans un petit appartement en mauvais état et dans une profonde solitude, comme si le monde entier ignorait sa présence en France. Elle n'a bénéficié d'aucun accueil, d'aucune proposition de formation ni même d'apprentissage de la langue française, ce qui sera ensuite un frein à son intégration. Son mari avait d'ailleurs vécu une situation semblable avec le même handicap de la langue mais de manière plus conséquente puisque c'est à cause de cela qu'il n'a jamais pu être chef de chantier. Alors la machine à fabriquer les bébés s'est mise en route. Cela pouvait l'occuper et les enfants, substituts de la famille qu'elle avait dû abandonner, lui tenaient compagnie. Il lui arrivait, en effet, de passer parfois des semaines entières seule puisque son mari était amené à se déplacer dans divers chantiers.

Après le deuxième enfant, la famille a pu obtenir un logement en HLM, puis un appartement encore plus grand – ils résidaient toujours en HLM au cinquième enfant. Le père espérait avoir un garçon mais son épouse n'a eu que des filles. Pour cette raison, il y eut une sixième fille. Enfin, le septième enfant fut un garçon. Ouf ! Pendant toutes ces années, le père n'a jamais cessé d'envoyer au Maroc ses économies par l'intermédiaire d'une banque marocaine présente en France. Il a même investi une partie de son capital dans un petit immeuble de trois appartements, persuadé qu'il retournerait vivre dans son pays d'origine. Mais l'aînée des filles se présenta un jour au baccalauréat qu'elle obtint avec succès. Et ce fut le choc. Les parents finirent par se rendre à l'évidence : le retour au pays était devenu impossible. Ils décidèrent donc de demander la nationalité française. Ce qui fut fait en 1992, au moment où naissait leur dernier enfant. Ce n'est qu'après cette décision que le père a acheté un terrain pour construire une maison à Orléans et ainsi sortir du HLM que les filles ne supportaient plus du tout. Elles critiquaient en effet la mauvaise ambiance qui y régnait et surtout le manque de discrétion des voisins trop soucieux de surveiller la vie privée des adolescentes.

L'exemple type de la famille Benamar

Kader est venu de Constantine à Paris après son baccalauréat. Les études en droit s'avérèrent, pour lui, longues et difficiles car il envisageait de passer un jour un doctorat. Très rapidement, il rencontre Isabelle, élève à l'École des infirmières. Les deux jeunes gens se mettent vite en ménage, sans projets spécifiques pour l'avenir. Dès que la jeune fille obtient un poste, les projets commencent à apparaître : achat d'une voiture pour commencer et ensuite désir d'assurer une amélioration des conditions de vie. C'est à ce moment-là que le couple envisage de se marier, ce qui est la seule façon pour Kader d'obtenir la nationalité française. Cependant, l'homme hésite car il n'est pas très convaincu que sa vie est réellement celle qui est en train de s'esquisser. La naissance d'un premier enfant puis d'un second fait disparaître ses doutes et Kader obtient enfin un poste de maître de conférences à l'université après son doctorat. Le couple, appelé mixte par les autres, dure depuis 15 ans. Les enfants ont aujourd'hui 9 et 7 ans. Ils ne parlent que le français, la langue d'échange de leurs parents. L'Algérie, pour eux, c'est Constantine et surtout la famille de leur père. Pour ce qui est de la religion, on ne leur impose rien. « Ils choisiront eux-mêmes quand ils seront grands. » Pour l'instant, Isabelle et Kader préfèrent leur assurer une bonne éducation et un avenir confortable.

L'exemple de la famille Hassan est bien plus fréquent en France, même si sont nombreux ceux qui sont venus du Maghreb ou d'Afrique pour faire des études, mais qui ont ensuite préféré rester en France. Le cas des filles mariées à des français demeure plus rare pour des raisons en apparence religieuses (en réalité, cela est dû à une conception prégnante de la patriarcalité) car, dit-on, un musulman peut se marier avec une femme ayant une autre religion que lui (ce qui se limite, de fait, aux religions chrétienne et juive), mais une musulmane ne peut se marier qu'avec un musulman car la religion ne serait transmise que par le père.

Pour ce qui est de la réussite des enfants, aucune généralisation n'est possible. Elle est, comme chacun sait, intimement liée au statut familial, aux trajectoires antérieures des grands-parents et des parents et à d'autres nombreux paramètres applicables à toute famille comme le genre ou l'âge, que la famille soit d'origine étrangère ou non.

L'apparition des « Beurs »

C'est dans les années 1980 qu'on a commencé à entendre parler du phénomène « Beur ». Ce mot « Beur » ou « Beurette » désigne des jeunes nés en France de parents maghrébins – algériens, marocains ou tunisiens – ou des jeunes qui ont passé la majeure partie de leur vie en France. Il indique une seconde, voire une troisième génération maghrébine. Ce terme est apparu dans un contexte de tensions raciales et de polémique autour de l'immigration. Signifiant « arabe », il provient du verlan, basé sur l'inversion des lettres d'un mot ou de ses syllabes. Une femme devient « meuf » et le kif (amour) se conjugue à tous les temps. Des « meufs » se sont même glissées dans une des dictées de Bernard Pivot.

D'autres mots tirés du verlan se trouvent désormais dans les dictionnaires. Des acteurs ont même fait de ce phénomène un sujet à part entière, à l'instar du réalisateur Abdellatif Kechiche avec *L'Esquive*, un film primé lors de la cérémonie des Césars en 2005. On y découvre le langage comme marqueur identitaire qui relèverait de ce que Samuel Lepoutre appelle « *une culture, ou du moins une sous-culture, à la fois organisée et cohérente* »[1]. C'est un langage propre à des jeunes qui l'utilisent à la fois de manière ludique et initiatique, mais qui, s'il semble leur permettre d'avoir du pouvoir sur leurs cadets, ne

---

1. Daniel Lepoutre, 1997, *Cœur de Banlieue*, Paris, Odile Jacob.

manque pas de les enfermer dans un code d'une très grande pauvreté dont ils seront ensuite les victimes[1].

Pendant que partis politiques et associations débattaient du sort des immigrés, leurs enfants décidaient de prendre les choses en main. Ainsi les Beurs ont-ils poussé leur premier « coup de gueule » en 1983, le 15 octobre. « La Marche des Beurs », initiée par de jeunes Lyonnais, est partie de Marseille pour atteindre Paris le 3 décembre, ce qui donna lieu à une manifestation de 100 000 personnes. Cette « Marche pour l'égalité et contre le racisme » intervint après des étés chauds dans le quartier des Minguettes à Vénissieux. Il y avait eu là les premiers rodéos et de petites émeutes de banlieue. Ces jeunes souhaitaient, à cette époque, être simplement reconnus comme français à part entière. Reçus par François Mitterrand, ils revendiquaient le droit au vote pour les immigrés et une carte de résidence de 10 ans pour ceux qui n'avaient pas la nationalité française. Ils réussirent à obtenir la carte, mais pas le droit de vote. Il est vrai que les Européens n'ont pas non plus ce droit de vote, même pour les élections locales, dans les pays d'origine de ces immigrés.

Depuis cette date, la bataille des enfants d'immigrés continue. Les parents, indécis sur leur sort final, étaient partagés sur leur identité, tantôt ouvrière, tantôt d'immigrés, dans une société dans laquelle ils ne savaient pas vraiment se positionner. Les enfants hésitèrent à leur

---

1. Ce terme est toutefois repris par la presse. Il devient aussi le titre d'une radio publique destinée à cette population, Beur FM, www.beurfm.net.

tour, ne sachant pas s'il fallait mettre en avant l'islam, et dans ce cas, quel islam ? Ou, plus simplement, la nationalité française. C'est la menace d'être expulsés, agitée périodiquement par Jean-Marie Le Pen, qui fit que les immigrés décidèrent massivement de poser définitivement leurs bagages et de s'installer définitivement en France. On a ainsi aujourd'hui une majorité française et, de fait, pour l'essentiel, favorable aux valeurs de la laïcité (les pratiquants religieux, en dehors des grandes fêtes, sont aux alentours de 5 %, chiffre qui correspond à celui des français dits de souche).

Ce chiffre est peu connu alors qu'il souligne l'absurdité de faire représenter les Beurs par des hommes choisis en fonction de leur prétendue représentativité religieuse. Ce qui est dit en France sur les Beurs, comme sur les Blacks, est essentiellement véhiculé par les médias, qui n'ont, le plus souvent, évoqué ces populations qu'à l'occasion de faits divers ou de problèmes plus ou moins dramatiques. La vie quotidienne de ces hommes est, pour l'essentiel, passée sous silence. D'autre part, ceux qui parmi eux réussissent sont souvent méconnus.

Qui sont donc aujourd'hui ces Beurs et Blacks en France et combien sont-ils ? D'entrée de jeu, précisons qu'on ne connaît pas plus actuellement qu'en 1990 leur nombre exact. Comme l'exige la loi Informatique et Liberté, la France ne recense que deux catégories de populations : les français, c'est-à-dire ceux qui ont la nationalité française et les non-français, c'est-à-dire les étrangers, ceux qui ont une autre nationalité. « *Est immigré toute personne née étrangère à l'étranger et venue s'installer en France. Aussi longtemps que dure le séjour, on reste immigré. S'ils sont nés en France, les enfants d'un immigré ne sauraient être immigrés eux-mêmes, car ils n'ont pas franchi de frontière.* »[1] Autrement dit, la République reconnaît officiellement des français à part entière, sans distinction de race, d'origine ou de religion. Un autre aspect mérite d'être souligné : beaucoup de Beurs et Blacks sont issus d'un parent français de souche, d'un « mariage mixte ». Et on ignore si ces enfants appartiennent à ce qu'on appelle des « minorités visibles ».

Les Blacks

L'anglicisme « Black » est une manière quelque peu « branchée » de désigner les Noirs, qu'ils soient Africains, Américains ou même parfois français d'outre-mer. Ceux dont il est question dans cet ouvrage sont issus de l'immigration venue des anciennes colonies françaises. Mais la France est mal à l'aise avec les questions de couleur. Ainsi, lors d'une réunion de sensibilisation et de travail sur la question de la diversité dans l'entreprise organisée par l'ANDCP[2], il y eut un échange intéressant sur la confusion sémantique des DRH qui se demandaient s'il fallait dire d'un Noir qu'il est noir. « Que faut-il dire ? » s'interrogeait un participant. À l'instar des enseignants, les DRH auraient-ils peur d'être taxés

---

1. François Héran, 2002, « Immigration, marché du travail, intégration », rapport du séminaire, La Documentation Française, p. 14.
2. Association nationale des directeurs et cadres de la fonction personnel.

de racisme ? Désigner un Black par sa couleur n'a jamais été une insulte, mais la question méritait d'être soulevée tant le sujet semble étranger à certains recruteurs français.

Ibrahim, un Franco-Ivoirien à l'aise dans ses baskets, pense que c'est bien de dire un Noir, simplement. Pour lui, « "Black", c'est ridicule, même si certains pensent que c'est moins vexant. Est-ce qu'on dit "White" pour un blanc ? Pourquoi cela doit-il blesser d'être Noir ? Mais, en réalité, tout dépend par qui cela est dit et comment. Si un pote me dit "nègre" ça ne me dérange pas. Mais, souvent, le simple fait de parler d'une personne de couleur est suffisant pour signifier une différence… ».

Beaucoup de Noirs africains portent des noms et prénoms européens. J'ai rencontré dans un restaurant universitaire de Dijon trois Blacks, Valéry, Lionel et Nouba ; ils partageaient leur repas dans une ambiance festive en riant et en se tapant dans les mains. J'ai eu envie d'échanger avec eux. Pour eux, les frontières entre les pays africains n'existent pas vraiment. Ce sont les colons qui les ont tracées. « Entre nous, il n'y a aucune différence, ni culturelle ni autre. On est Ivoirien, Congolais (du Congo-Brazzaville) et Tchadien. »

Durant le temps de cet échange, plusieurs Noirs traversèrent le restaurant et, au passage, les saluaient en leur tapant également dans les mains. « Vous voyez, l'Africain n'est pas raciste, il est très tolérant. Mais le français ne l'est pas toujours. » Un Malien est venu les saluer. Nous avons alors abordé la question de leur avenir professionnel. Leurs visages se sont brusquement fermés. Ils envisagent tous les trois de retourner dans leur pays d'origine, y compris Lionel qui vit en France depuis l'âge de cinq ans. « On sera mieux en Afrique, moins stressés qu'ici. D'ailleurs, ajoute Valéry, les Africains diplômés en France n'ont pas de postes ni de salaires à la hauteur de leur formation. Un français va évoluer beaucoup plus vite. »

La seule consolation de ces Blacks, c'est que la France, au moins sur ce point, est constante : tous ceux qui sont plus ou moins noirs ont le même traitement, même s'ils sont Antillais et ce n'est pas eux qui changeront le monde. Cela dit, ils retrouvent vite le sourire.

Les ambiguïtés des dénominations

Bien que le mot Beur ne soit pas péjoratif, certains lui attribuent une connotation de « classe sociale », à l'instar de l'écrivain marocain Tahar Ben Jelloun qui situe les Beurs en banlieue. Il ne suffirait pas d'être fils d'immigré pour être Beur. Il faudrait, de plus, être fils de travailleurs, plus particulièrement de ceux qui font partie du « sous-prolétariat ».

On peut contester ce sens restrictif des termes. C'est ce que font, à juste titre, de nombreux jeunes d'origine arabe car le mot « Beur » est trop facilement associé à ceux qui « galèrent » dans les cités et qui ont long-temps été pointés par les médias. Certes, ces jeunes « galèrent » aussi, mais ils ont conscience que c'est le sort de la plupart des jeunes lorsque le taux de chômage s'élève à environ 10 % et ils ne veulent pas être confondus avec ceux qui revendiquent d'autant plus fort qu'ils paraissent être responsables, à leurs yeux, de leur situation en refusant de jouer le jeu et d'acquérir les codes qui permettraient leur intégration. Derrière les mots, acceptés ou refusés, ce sont donc des stratégies qui apparaissent, qui différencient ceux qui veulent un emploi et qui comprennent qu'il y a des conditions à remplir et ceux qui ont le même souhait, mais font involontairement tout pour rater leur projet. Il faut donc nuancer.

Tous les Beurs et Blacks n'habitent pas dans les banlieues, ne débitent pas leurs 400 mots, leur langue de ghetto récitée à toute vitesse et sans articuler[1]. Certes, ces jeunes des cités existent. Ils ont des problèmes d'expression et de comportement. Pour les responsables des Missions Locales rencontrés, cela cons-titue une véritable difficulté puisqu'il faut, dans ce cas, pallier l'absence des familles incapables de transmettre des valeurs. Placer de tels jeunes en entreprise est un véritable défi. Mais plus que d'un déficit linguistique, ces jeunes souffrent d'une « fracture sociale » au même titre que tous les exclus, quelle que soit leur origine. Non sans une certaine fierté, ils restent parfois enfermés

---

1. « Vivre avec 400 mots », *Le Monde* du 18/03/2005.

dans leurs codes qui ne sont accessibles qu'aux « initiés » et qui leur ferment les portes d'accès à la vie sociale et professionnelle ou qui leur interdisent de sortir de leur cité.

Car, à côté de ces jeunes qu'il faudra bien aider malgré eux, il y a des Beurs et Blacks qui réussissent (cf. troisième partie). Pour les évoquer, on a même pensé à créer le terme de « Beurgeoisie »[1]. Ce mot désigne un profil « supérieur » de Beurs qui contredit la vision misérabiliste jadis dominante. Christian Jelen, dans *Ils feront de bons français*[2], faisait déjà référence à la « *percée d'une élite Beur* » aux débuts des années 1990.

Pourtant, comme le souligne Dominique Schnapper, les nombreux travaux menés en France sur le sujet montrent à la fois qu'à origine sociale identique, les enfants d'immigrés ne réussissent pas plus mal et même un peu mieux que leurs camarades, que l'école est une institution qui traite de façon égale les enfants quelle que soit leur origine nationale et qu'elle pourrait fonctionner comme le relais de l'ambition des parents de voir leurs enfants progresser dans l'échelle de la mobilité sociale[3], la véritable difficulté étant que ces parents

---

1. Cette appellation a été inventée par SOS Racisme pour désigner les Beurs qui réussissent. Le mot est réapparu dans le titre d'un ouvrage de Catherine Wihtol de Wenden et de Rémy Leveau, 2001, « La Beurgeoisie. Les trois âges de la vie associative issue de l'immigration », CNRS Éditions. Il est repris dans le titre d'un article intitulé « La "Beurgeoisie" s'installe », paru dans *Le Monde* du 20-21/02/2005, p. 6.
2. Christian Jelen, 1991, *Ils feront de bons français*, Paris, Robert Laffont.
3. Dominique Schnapper, 1991, *La France de l'intégration*, Paris, Gallimard.

manquent souvent de réseaux relationnels qui peuvent aider plus tard à insérer leurs enfants dans la vie professionnelle.

« Je n'ai pas le délit de sale gueule mais je peux avoir celui de sale nom »

Un autre problème est que les Beurs et les Blacks sont visibles avant d'être vus. L'expression même de « minorités visibles », utilisée en euphémisme pour les désigner, attesterait implicitement de l'existence du « délit » de faciès, de « sale gueule ». Mais, dans une démarche de recherche de travail, la réalité est très différente. Si le jeune Beur ou Black réussit à lever les obstacles et obtient un entretien, ce ne sera pas, sauf exception, son apparence qui lui portera préjudice. C'est plutôt avant l'entretien ; son nom – qui ne se voit pas mais s'entend – peut lui porter tort.

Lorsque j'ai croisé Hakim par un beau temps ensoleillé à Dijon devant un monument historique, il semblait bien connaître l'histoire de l'architecture de cette ville. Il fait partie de ces personnes qui passent plutôt inaperçues en France, tant elles se fondent dans la masse. Grand, blond aux yeux clairs, mince et d'allure plutôt décontractée, rien ne laissait supposer qu'il pouvait être Beur. J'ai trouvé son histoire passionnante et c'est pourquoi je vous la délivre.

Hakim B., 27 ans, est en cinquième année des Beaux-Arts. Il est né près de Lyon d'un père algérien, patron d'une auto-école, et d'une mère française. Son origine arabe, il la revendique et en est très fier. D'ailleurs, ses amis sont presque tous arabes et sa fiancée est Tunisienne. La double culture, Hakim essaie d'en tirer tous les avantages. Dans son école, ils sont 200 élèves, cependant il y a seulement trois Maghrébins. « On y rentre sur concours, mais il faut avoir un bon projet professionnel. » Hakim a choisi de porter un regard sur le monde musulman et il étudie le rapport entre ces deux cultures, sujet qui a plu à ses professeurs. Mais, plus que cela, il est passionné par ces comparaisons : « Malraux a dit, aime-t-il à répéter, « *le XXIᵉ siècle sera métis* ». C'est comme la musique. C'est une sacrée richesse, le métissage. Avec ma sœur, on se dit qu'on est méditerranéen. Il y a un équilibre... Beaucoup d'artistes se préoccupent de la double culture, sans aucune frontière et le chef d'entreprise calculerait mal son coût s'il refusait de prendre en compte cette équation, d'autant que, comme l'art, beaucoup d'entreprises sont délocalisées. »

Sa sœur, Sarah, a brillamment réussi ses études en sciences médicosociales et après avoir obtenu le Capes, elle est aujourd'hui professeur. Leurs parents ne leur ont jamais imposé une des religions (islam, religion du père, ou judaïsme, religion de la mère), malgré des pressions de la famille des deux côtés. Sarah a choisi l'Islam et le pratique. C'est avec du recul que Hakim raconte les problèmes rencontrés avec certains employeurs car il a toujours travaillé pour payer ses études : « Mon nom m'a déjà empêché d'avoir des postes ou d'être bien considéré dans certaines boîtes. Si je n'ai pas le délit de sale gueule, j'ai en revanche celui de sale nom. »

Mais Hakim refuse catégoriquement de se poser en victime et pense que le racisme ordinaire est plutôt une question de personnes, d'individualités. Car si avec un bac + 5 il a comme patron un homme qui n'a qu'un bac + 2 (et c'était le cas lorsqu'il faisait de la téléprospection), cela peut parfois créer un certain malaise. Néanmoins, Hakim envisage l'avenir avec confiance. Il compte bien se faire un nom plus tard lorsqu'il aura obtenu son diplôme national d'arts plastiques, nom dont il dit être fier et qu'il compte bien garder, tel quel, même s'il peut utiliser celui de sa mère, qui, franchement, passerait mieux sur un CV par exemple.

Comme cela est le cas pour nombre d'autres jeunes, les Beurs et Blacks sont différents les uns des autres et l'on pourrait citer beaucoup d'exemples qui nous rappelleraient que toute généralisation est abusive. Cela étant, force est de constater que les comportements vis-à-vis du monde professionnel sont tout autant différents : certains se battent, font des études et travaillent « comme tout le monde » tandis que d'autres, lorsqu'ils connaissent des difficultés, vont expliquer leur échec par le racisme et vont même anticiper cet échec en pensant qu'il ne sert à rien de préparer des diplômes ou de se battre pour obtenir un poste, puisque même les français n'en trouvent pas. La même situation est observée par les Missions Locales, notamment celle de Cergy-Pontoise, dans l'Ouest parisien où la population Beur et Black est majoritaire. Comme le fait remarquer Catherine Benoist : « Ils ont tendance, le plus souvent, à tout mettre sur le dos du racisme. »

Élément 3

Les raisons
d'une rencontre difficile

Dans *Jeunes et entreprise*[1], Hervé Sérieyx nous rappelle combien *« face au monde du travail, les jeunes ne sont pas égaux »*. Selon l'auteur, plusieurs spécificités françaises accroissent cette inégalité. *« D'où une grande diversité d'attitudes vis-à-vis de l'entreprise : l'idée qu'on s'en fait dépend beaucoup de la connaissance qu'on en a, de la place qu'on pense pouvoir y trouver et de l'expérience qu'on a pu en avoir. »*

Les jeunes Beurs et Blacks, eux, ne veulent surtout pas suivre le modèle de leurs parents, ou plutôt de leur père qu'ils ont vu galérer[2], ce qui n'améliore pas, dans leur

---

1. Hervé Sérieyx, 2005, *Jeunes et entreprise, des noces ambiguës,* Paris, Éditions d'Organisation, nouvelle édition, p. 15.
2. En effet, beaucoup de ces jeunes, parmi ceux qui ont eu des parents arrivés en France durant les trente glorieuses ou peu après, ont vu les hommes de la génération précédente trimer dur, le plus souvent sans se plaindre. Il en est resté quelque chose dans la mémoire collective, qui se réfère parfois moins à ce qu'a été la réalité perçue par les acteurs eux-mêmes au travers de valeurs issues du monde rural qui imposaient la dureté vis-à-vis du corps. Car ce qui joue, en l'occurrence, c'est le nouveau système de valeurs apparu aux confins des villes chez des jeunes nés en France.

esprit, l'image de l'entreprise. Certains vont parfois jusqu'à refuser l'idée d'avoir un patron. Alors la rencontre avec l'entreprise s'annonce délicate et l'appréhension exprimée par nos jeunes est plutôt fréquente, d'autant qu'en France « *l'entreprise n'a pas très bonne cote {…} c'est le service de l'État qui est noble ; l'entreprise est plutôt considérée comme un mal nécessaire* »[1].

Des entreprises réticentes

De son côté, l'entreprise n'est-elle pas réfractaire à tout changement dans le domaine du recrutement ? N'a-t-elle pas simplement peur de recruter des personnes différentes, qu'elle ne connaît pas ou mal ? Les échanges avec les DRH montrent que l'entreprise française a longtemps préféré recruter des candidats qui ne lui posent pas de problèmes et dont la réputation n'est pas un frein pour les autres salariés ou pour les clients. Or, souvent, comme le rappelle Hervé Sérieyx, « *ce qui peut dissuader d'embaucher ou de conserver dans ses effectifs telle ou telle catégorie de collaborateurs — souvent des minorités (jeunes, seniors, femmes, Beurs…) — peut venir d'une ignorance de l'autre, de stéréotypes, de représentations mentales si prégnantes que l'employeur a du mal à y échapper* ».

Malheureusement, les images que les médias ont proposées dans l'opinion publique française sont celles d'un Beur et Black habitant un ghetto insalubre où règnent

---

1. *Ibid.*

délinquance, chômage, etc. L'image qu'on a souvent donnée d'eux en fait presque automatiquement des exclus du monde de l'entreprise. Les représentations mentales ont la vie dure et certains chefs d'entreprise ne peuvent encore pas envisager d'en faire des collaborateurs, malgré diplômes et qualifications. Cette peur de la part de l'entreprise est-elle légitime ?

Un système éducatif mal adapté

Beaucoup de jeunes de la seconde génération ont pu atteindre, plus ou moins facilement, l'université (et généralement l'université seulement et non les grandes écoles, habituellement perçues par les employeurs comme les vraies filières d'excellence). Ils y furent souvent relégués dans des filières, comme les sciences humaines, sans aucun véritable débouché sur l'entreprise. D'autre part, notons que l'université et l'entreprise vivent encore souvent dans des univers séparés, parallèles, voire antagonistes. La première se donne comme mission prioritaire de « fabriquer » des enseignants ou des chercheurs, mais pas des professionnels destinés à rejoindre l'entreprise et la seconde recherche une main-d'œuvre immédiatement opérationnelle. Il ne faut pas non plus oublier de dire que beaucoup d'enseignants ont encore un regard négatif sur l'entreprise, voire sur le mode de production capitaliste en général. Bref, on a été longtemps dans une situation où le chef d'entreprise pouvait être tenté de traiter les étudiants de gauchistes alors que beaucoup d'étudiants considéraient les chefs d'entreprise comme étant des exploiteurs.

Sans être devenue pleinement satisfaisante, la situation a un peu évolué. Les entreprises ont très rapidement compris qu'il y avait un potentiel qui pouvait leur être utile chez les étudiants en fin d'études capables de réaliser des projets, tout particulièrement à l'occasion d'un stage. Ces étudiants pouvaient rendre des services pour un coût assez faible. L'université, pour légitimer les nouvelles formations qu'elle créait, a dû s'adapter également et tenir compte des évolutions du monde du travail, surtout en période de chômage élevé.

On est donc encore loin d'un rapport gagnant/gagnant entre l'entreprise et le système éducatif, mais des rapprochements se sont opérés. Cela dit, toutes les filières n'offrent pas la possibilité de stages aux étudiants. Et, lorsque c'est le cas, beaucoup de Beurs et Blacks rencontrent des difficultés quand ils veulent décrocher dans les entreprises le poste de leur rêve. Faute de moyens de placement ou à cause d'une mauvaise orientation, pour ceux qui se sont dirigés vers des filières qui n'offrent que des horizons bouchés, on voit que de très nombreux étudiants peuvent rester longtemps éloignés de l'entreprise.

« Les facs de Lettres intéressent peu les entreprises. » C'est sur ce verdict implacable du président de la Sorbonne à Paris qu'avait démarré, début mai 2005, un débat sur les financements privés des facultés françaises. Les difficultés demeurent. Les premiers à en souffrir sont les Beurs et les Blacks qui, dépourvus de réseaux, ne bénéficient pas de placements institutionnels, parfois même lorsqu'ils sont dans les bonnes filières.

Il faut dire également que beaucoup d'enseignants n'ont jamais travaillé en entreprise et leurs discours, voire leur connaissance de ce milieu, restent essentiellement théoriques. À cela s'ajoute souvent une méconnaissance assez générale – mais il y a des exceptions chez le personnel administratif comme dans le corps enseignant – de la culture et des habitudes de vie des jeunes dont les origines sont différentes. Ça peut créer des attitudes ambiguës, souvent dommageables. Certains collègues de l'université m'ont ainsi avoué ne pas oser « casser » un Beur ou un Black avec une trop mauvaise note. En réalité, ils ont peur d'être traités de racistes. Ils ont parfois la même réaction vis-à-vis de l'absentéisme. Ils n'osent pas faire une réflexion désagréable à un Arabe ou à un Noir. Mais pourquoi les traiter autrement ? Cette discrimination positive amène des conséquences négatives. Car elle crée des illusions multiples. Pourquoi se permet-on de prendre ces jeunes pour plus faibles qu'ils ne sont en supposant qu'ils ne supporteront pas qu'on leur dise la vérité ? Et comment éduquer si on n'accepte pas de sanctionner ? Je me souviens d'un collègue qui me disait : « Combien de fois enterrent-ils leur grand-mère ? Il y en a un qui s'absente fréquemment et qui m'a raconté trois fois la même histoire. » Alors que son devoir d'enseignant était de dire que, dans une entreprise, ce genre d'argument peut mener très rapidement à l'exclusion. Il y eut aussi cette gentille collègue qui nous suppliait, dans la salle des professeurs, d'augmenter les notes d'un Malien obligé de travailler pour subvenir aux besoins de sa famille. Or, il était très souvent absent et son niveau était véritablement faible. Heureusement que, ce jour-là, les autres collègues n'ont pas tous accepté cette demande car, disaient-ils très justement, cela ne serait pas juste vis-à-vis de ceux qui font des efforts ni bon pour l'avenir professionnel de cet étudiant.

Une tendance à la victimisation

Ces jeunes connaissent les faiblesses de leurs enseignants franco-français et ils savent en user puisqu'ils en tirent, dans l'immédiat, certains avantages. Mais ils ne vivent pas forcément bien de telles situations qui ne sont, en réalité, qu'une autre manière de pointer leur différence. La vérité est que ceci les amène à se victimiser et à se replier davantage sur eux-mêmes. Une fois confrontés au marché du travail, ils sont soumis au principe de réalité. Et il est trop tard pour se remettre à l'apprentissage des rapports humains.

Il n'y a malheureusement pas dans les universités un corps d'inspecteurs chargés de repérer ces comportements très dommageables pour la collectivité. Ces jeunes ne seraient pas choqués par un peu plus de rigueur, preuve d'un véritable amour, alors que « l'amour » apparent dont ils sont les victimes n'est qu'une forme de mépris.

Pendant ces nombreuses années passées à l'université, j'ai pu rencontrer et échanger avec des dizaines de Beurs et Blacks. Ceux-ci pensent que leurs camarades franco-français ne peuvent pas comprendre leurs problèmes qui sont, en réalité, ceux de beaucoup d'autres jeunes français. Ils préfèrent donc se confier à quelqu'un de même origine qu'eux... C'est là qu'on constate que beaucoup d'entre eux ont tendance à se « victimiser » de manière systématique, ce qui est autant la cause que la conséquence de leurs échecs. Cette posture est dommageable car elle les conduit à refuser toute remise en question personnelle. Ils pensent tout simplement qu'on ne les comprend pas ou, pire, qu'on ne les aime pas. Ils sont donc persuadés qu'un « étranger » est mal vu, *a priori* et de manière intentionnelle, par les chefs d'entreprise. Aussi beaucoup, convaincus de cela, expriment leur peur de devoir chercher un stage ou une entreprise pour préparer un diplôme en alternance. Alors ils préfèrent parfois éviter les filières qui les obligent à faire ce type de démarches... et s'enferment dans un cercle vicieux.

Des questionnements problématiques

Si la rencontre entre l'entreprise et ces jeunes est à ce point problématique, c'est précisément en raison de la concomitance d'une situation qui présente de réelles difficultés objectives avec des postures subjectives où le regard critique sur soi fait défaut.

On constate vite les conséquences de cet ensemble détonnant. Influencées par les discours ambiants sur la discrimination, leurs questions, dans une situation de recherche de stage ou d'emploi, ne touchent même plus à leurs compétences. Les plus récurrentes sont : « Dois-je mettre ma photo sur le CV ? Dois-je dire que l'arabe est ma langue maternelle ? Dois-je dire que je vais au pays une fois par an ? Dois-je marquer dans mon CV que je fais la plonge les soirs ? » S'ils étaient un peu mieux informés, ils sauraient que les entreprises ne peuvent qu'apprécier un étudiant qui se débrouille pour se prendre en charge.

Paradoxalement, ceux qui demandent s'ils doivent mettre leur photo ne sont pas les plus typés. À l'instar de Nassima, une belle Algérienne de 24 ans qui avait un DUT techniques de communication et une maîtrise d'Infocom. Malgré son bon CV, elle exprimait ses craintes. Sa photo, qui pouvait faire penser qu'elle était une star, était « trop belle » comme lui disaient ses amies Beurettes. Aussi cet avantage devenait, à ses yeux, un inconvénient, alors qu'elle cherchait un poste de commerciale, où la présentation est un atout majeur.

Pour les garçons, il faut le reconnaître, c'est souvent plus difficile. La difficulté de trouver un stage, même non rémunéré, pose un réel problème. Latif, d'origine marocaine, aujourd'hui en troisième année d'une école de commerce, a beaucoup « galéré », alors même qu'il est dans une école de commerce : « Ici à Dijon, c'est difficile de trouver un stage, même pour des français, car

Dijon n'est pas une très grande ville, alors comment voulez-vous que nous trouvions ? » Il dit s'être « rabattu » sur un petit cabinet d'audit, alors qu'il est en troisième année ! Pour sa deuxième année, il est parti au Canada. « C'était plus facile, même si l'hiver fut rude. »

Le « nous » collectif doit attirer l'attention. L'individu en difficulté se place d'emblée dans un collectif au risque de préjuger que tout chef d'entreprise – que le jeune imagine raciste – aura des réticences. Dès lors, le jeune peut être tenté d'anticiper une réaction forcément négative, et préférer partir au Canada pour ne pas avoir à essuyer de refus. Il est cependant conscient que cette expérience étrangère représentera, plus tard, un bon point dans son CV. En vérité, et Latif ne semble pas en être très conscient, ce jeune du genre introverti ne fait rien pour être avenant et cache une partie de son visage avec sa casquette : cela, les chefs d'entreprise risquent de ne guère apprécier.

Ne leur parlez plus d'intégration !

L'école, comme l'université, a ses responsabilités. Il en est de même dans les exigences, parfois contradictoires, énoncées par la société. Aux yeux des autres, le jeune Beur ou Black reste indéfiniment « d'origine étrangère » et, en même temps, il devrait s'intégrer. Voilà qui ne va pas de soi ! Comment donc réagir à de telles doubles contraintes ?

Jamel Debbouzze, l'acteur qui fait rire la France depuis des années, a été l'invité d'Anne Sinclair dans l'émission « Libre cours » du 28 novembre 2004. Au milieu de l'émission, le mot « intégration » fut soudain prononcé par un autre invité, un Black, et ce terme ne tomba pas dans l'oreille d'un sourd. Jamel ne s'arrêtait plus : « Qu'est-ce que tu veux que je m'intègre, où veux-tu que je m'intègre ? Je suis né ici. Je suis français comme n'importe quel blanc. Je suis d'origine marocaine et riche d'une autre culture... » Il s'adressa ensuite au Black : « De quelle origine es-tu ? », « ivoirienne », répondit le Black. « Et tu es né où ? », « À Sarcelles. » « Alors où veux-tu t'intégrer ? Il faut qu'on arrête de me casser avec l'intégration... » Tout d'un coup, on entendit un bruit dans le studio et Anne Sinclair, gênée, s'expliqua : « Là, c'est un panneau qui vient de tomber. » Et à Jamel de répondre en riant : « C'est un panneau qui vient de se désintégrer ! » Ce même Jamel s'insurgeait, il y a quelque temps, contre les sous-entendus des discours ambiants : « Quand on me demande si j'aime la France comme n'importe quel autre français, ça me saoule mais je réponds oui et j'explique que, comme j'aime ma mère et mon père, j'aime la France et le Maroc, tous les deux très forts, ensemble et en même temps ! »[1]

Comme Jamel, ils sont très nombreux à rejeter ce mot d'intégration. « Je n'aime pas ce mot » disait Karim Oumnia, le PDG de Baliston. « Il y a une notion péjorative

---

1. « Les tirailleurs de l'écran », *Le Monde 2* du 20/11/2004, pp. 29-37.

dans ce mot. Cela veut dire : faire rentrer quelque chose dans un système. L'intégration est dans la tête des gens, tout le monde est intégré. Les gens des banlieues sont intégrés, si parmi eux il y a des voyous, cela ne veut pas dire qu'ils ne sont pas intégrés, mais qu'ils ont des difficultés sociales. Prenez des Suisses, mettez-les dans un ghetto et voyez ce que cela va donner. » Au demeurant, ce chef d'entreprise algérien de 37 ans affirme ne pas avoir peur de dire que beaucoup de voyous peuvent effectivement être Noirs et Maghrébins mais ce n'est pas leur origine qui détermine cela, c'est plutôt leur condition sociale : ils sont souvent pauvres, mal entourés, mal conseillés. C'est ce qui fait la grande différence. « À ce moment-là, parlons intégration pour Jean-Claude qui est en prison. Lui non plus n'est pas intégré. Un franco-français, dans ce cas, aurait un problème social et un Beur, Black un problème d'intégration ! Ce n'est pas sérieux. [...] Ce n'est pas Mohamed qui doit s'intégrer, c'est Jacques qui doit changer son regard car ces jeunes sont bien intégrés, ils sont nés ici, ils parlent français, connaissent la culture française et n'ont donc rien de moins que n'importe quel autre français de souche. » Voilà qui rappelle ce que le sociologue américain Nathan Glazer disait des Noirs : « *Le multiculturalisme est le prix que doit payer l'Amérique pour son incapacité ou son refus d'intégrer les Noirs, alors qu'elle a intégré tant d'autres groupes.* »[1]

Mohamed Dia est un créateur qu'on ne présente plus dans le monde de la mode tant il a su imposer son nom

---

1. Nathan Glazer, 1997, *We are all multiculturalist now*, Harvard University Press.

(cf. troisième partie). Que dit-il ? « *Comment monter une SARL quand on est né dans un environnement qui vous a programmé pour perdre ?* » Telle était la question qu'il posait dans un article du *Nouvel Observateur*[1]. Le mot « intégration » l'indispose lui aussi profondément. Pour lui, « *le gadget politique que le mot a constitué un temps est quasiment devenu une insulte pour des milliers de jeunes français issus de l'immigration qui ont pris la mesure du mépris qu'il contient* ». Amar, un autre Beur qui s'irrite lorsqu'on lui parle intégration, ajoute : « *Intégré à quoi ? Nous sommes dans la société. Nous n'avons pas à nous y intégrer.* »[2] Pour Mohammed Abida, dit Sidi, entraîneur marocain en basket-ball, le mot ne le dérange que s'il est mal utilisé : « Il me dérange moins que « discrimination positive » qui est très lourd de signification. Lorsque je suis venu du Maroc, il fallait bien m'intégrer, mais je venais d'ailleurs. Pour ceux qui sont nés ici et n'ont rien connu d'autre, l'intégration n'est pas le mot adéquat. Il serait d'ailleurs valable pour des français de souche qui sont marginaux car il en existe autant que parmi les Beurs et les Blacks, et l'erreur de la France est d'avoir traité différemment cette population. »

Les sociologues manipulent ce mot avec beaucoup de précaution. Pour Abdelmalek Sayad, l'intégration est « *un processus dont on ne peut parler qu'après coup, pour dire qu'elle a réussi ou qu'elle a échoué ; c'est un processus qui passe*

---

1. « Mohamed Dia, le salut par la mode », *Nouvel Observateur* du 24-30/03/2005, p. 25.
2. « Où vont les beurs ? », *Nouvel Observateur* du 1/11/2001.

© Eyrolles

de l'altérité la plus radicale à l'identité la plus totale »[1]. Ce terme peut donc être appliqué aux générations précédentes, celles qui ont émigré vers la France qu'il fallait intégrer.

Il faut comprendre ces réactions. Malgré un accueil mal préparé par la France, nombreux sont les immigrés qui se sont bien intégrés, et cela avec des difficultés financières, de logement ou simplement de langue puisqu'elle ne leur a pas été apprise à leur arrivée. C'est peut-être pour ces raisons que le mot fâche les enfants d'immigrés, même si, en 1994, dans *Destin d'immigrés*[2] de l'historien et anthropologue Emmanuel Todd, on pouvait constater que la France est, parmi les grands pays occidentaux, celui qui intègre le mieux, ou le moins mal, ses immigrés. Quant au terme « assimilation », beaucoup de sociologues l'ont abandonné car, comme le précisent Rea et Tripier, « *c'est plus une injonction faite aux nouveaux entrants qu'à la société qui aurait le devoir de les assimiler* »[3].

De tels conflits sémantiques témoignent en fait de l'essentiel. On ne peut tout demander à l'un des deux groupes en présence. Tous doivent se remettre en question et cela dans des situations complexes qui ne peuvent pas être analysées de façon manichéenne. Bien souvent, les Beurs et Blacks n'ont qu'une envie, se fondre dans la masse, être « invisibles » et ainsi

---

1. Abdelmalek Sayad, 1994, *Qu'est-ce que l'intégration ?*, Paris, Le Seuil.
2. Emmanuel Todd, 1994, *Destins d'immigrés*, Paris, Le Seuil.
3. Rea et Tripier, *op. cit.*

échapper au regard de ceux qui les désignent comme « minorités visibles ».

Alors, une fois reconnues les difficultés de la situation, une fois comprises les conséquences des représentations ou des comportements qui se situent chez des acteurs placés en amont de l'entreprise, on peut accepter l'idée que tout ne se joue pas dans l'entreprise. Si celle-ci est invitée, de divers côtés, à diversifier ses recrutements « à tous les niveaux de responsabilité » et à « promouvoir les collaborateurs d'origines diverses », il faut raison garder. On doit toujours avoir à l'esprit que, si l'on veut réussir de manière durable, beaucoup d'autres problèmes, notamment sociaux et éducatifs, devront, simultanément, être pris en charge, correctement analysés et résolus en amont. La politique de l'emploi dans les entreprises n'est qu'une pièce d'un puzzle. En d'autres termes, on ne réglera pas les problèmes généraux de la société par une action lucide et volontariste dans les seules entreprises. Il ne s'agit pas pour les entreprises de se défausser sur la société globale de leur responsabilité globale : elles ont certainement des progrès à faire en matière d'équité dans les recrutements et les promotions. Mais les autres acteurs de la société, de l'urbanisme aux médias, de la police à l'éducation ne sauraient s'exonérer de leurs propres et considérables devoirs de remise en cause.

Droit à la différence
ou à la ressemblance ?

Lors d'une manifestation qui réunissait plusieurs chefs
d'entreprise, un échange anodin avec l'un d'entre eux,
patron d'une société de transports meusienne, a pris une
tournure intéressante. Il commença par me demander
mes origines. Pour certaines personnes en France, la
différence de couleur de peau peut être un bon moyen
d'engager une conversation, comme entre propriétaires
de chiens. Il m'apprit alors que sa fille avait rencontré
un Marocain avec qui elle avait eu un enfant, même si
cela n'était pas, *a priori*, chose évidente : « Au début,
disait-il, l'idée ne nous a pas enchantés, ma femme et
moi, mais Farid est un gentil garçon et ma petite fille,
Sarah, est belle. » Puis il ajouta en riant : « Je suis le
papy d'une Beurette ? Ça alors ! Si mon père me l'avait
dit, je ne l'aurais pas cru ! »

Comme celle de ce grand-père, beaucoup d'autres
familles en France comptent des Beurs et Blacks issus de
mariages mixtes. La situation n'est pas toujours bien
accueillie par les familles de l'un et/ou de l'autre, cela
peut même provoquer des déchirements irrémédiables
car le racisme ordinaire, basé sur la peur, existe et c'est
ce même racisme qui peut parfois introduire des conflits
dans l'entreprise.

Pourquoi réagit-on mal à ces mots et expressions qui
renvoient à l'altérité, comme « discrimination positive »,
« intégration », « quotas » ? C'est parce qu'ils rappellent

incessamment aux Beurs et Blacks qu'ils ne sont pas comme tout le monde, qu'ils sont différents et donc inférieurs. Ils rappellent aussi aux entreprises que les centres de décision leur sont extérieurs.

Car, doit-on décider de manière identique pour toutes les entreprises de quotas et de la vitesse à laquelle on va les imposer ? Ces quotas sont tout d'abord impossibles à calculer. Il ne s'agit pas de tenir compte du pourcentage de jeunes dans la population globale, mais du pourcentage de diplômés capables d'exercer la fonction, en tenant d'ailleurs compte du niveau réel de connaissance et non pas du niveau, qui peut être fictif, que les universitaires ont pu mentionner. On n'a pas le temps de faire des enquêtes pour obtenir les informations objectives nécessaires à la construction d'une politique de quotas.

Mais est-ce à l'État d'imposer par la loi le respect de tels quotas, ce qui nécessite ensuite des mesures ciblées à l'embauche ? Il faut être prudent. La loi déjà existante de 2001 nommée loi Génisson, qui rend « *obligatoires la négociation sur l'égalité professionnelle et la prise en compte de ce thème dans toutes les négociations sociales* », n'a pas été respectée. Inutile d'ajouter de nouvelles lois qui ne le seront pas plus. Il est préférable de laisser l'initiative aux entreprises ou, mieux, aux branches. Il faut bien comprendre que modifier le recrutement n'est pas une forme de philanthropie. C'est aussi prendre la décision, mûrement réfléchie, d'établir un rapport de situation comparée de façon à bénéficier, à la fois de la part des agences de notation et de la société, d'une meilleure image. C'est aussi donner de l'espoir, au-delà des personnes recrutées, à des pans entiers de la population, ce qui permet de restaurer du lien social. Mais on peut également obtenir une image positive de l'entreprise en interne, ce qui peut avoir des effets économiques sur la compétitivité. Car les décisions des DRH ne doivent pas s'arrêter au recrutement. Elles doivent en outre porter sur le repérage des personnes à fort potentiel. On anticipe ainsi aussi les futures pénuries de main-d'œuvre.

L'État peut toujours intervenir par la suite en décernant des labels pour mettre en valeur les entreprises qui ont signé des accords pour tendre vers une parité qui corresponde au moins aux taux que l'on observe à la sortie du système éducatif selon les différentes filières. Cette voie d'action concerne aussi bien les petites entreprises que les moyennes ou les grandes. Il n'est besoin ni de quotas ni de discrimination positive. Mais il est urgent de faire un rééquilibrage au moyen du recrutement. Cela évite de faire appel à la seule voie du droit et des plaintes, individuelles en France puisqu'il n'y a pas encore d'actions collectives comme aux États-Unis. Les procès sont difficiles et les syndicats préfèrent se mobiliser pour des affaires de discrimination syndicale, voire, plus rarement, de discrimination sexuelle, plutôt que pour ce genre de contentieux. Et s'il y a conflit, les entreprises préfèrent la transaction au procès, ce qui ne fait pas avancer durablement la solution en profondeur du problème.

Dans les années 1980, l'association SOS Racisme, pensant bien faire et parlant au nom des immigrés et de leurs enfants, revendiquait leur droit à la différence. On voit aujourd'hui les risques de communautarisme que peuvent produire de tels slogans. Aussi, beaucoup de Beurs et de Blacks revendiquent l'identité juridique, fondement de la République. En réalité, ni différence ni ressemblance n'ont lieu d'être revendiquées. On est tous différents et c'est précisément cette différence-là qui enrichit l'entreprise, composée d'une addition de richesses. Arnold Schwarzenegger a déclaré un jour : « Je suis quelqu'un d'unique, comme tout le monde. »

Les différents échanges effectués avec des Beurs et Blacks montrent bien qu'ils sont différents, mais d'abord entre eux. Ils sont déjà différents de leurs parents, puisqu'ils souhaitent mieux réussir que leur père souvent ouvrier ou leur mère souvent femme au foyer. Et puis, même à l'intérieur d'une même famille et d'une même fratrie, les différences sont parfois flagrantes. C'est le cas dans toutes les familles du monde et il serait absurde de faire quelque généralité que ce soit.

La différence, c'est ce que le recruteur recherche justement lorsqu'il sélectionne. Il trie des candidatures pour faire émerger un candidat « différent », celui qui sort du lot et qui a quelque chose de « plus », de mieux que les autres. Les différences ne portent pas nécessairement la marque d'une infériorité. Elles peuvent aussi être autant d'apports positifs pour les équipes et pour l'entreprise. On pourrait donc imaginer que dans les entreprises, dans les examens internes organisés pour l'accession aux postes d'encadrement, il soit créé une épreuve de management éthique qui évaluerait l'aptitude des futurs cadres à favoriser une représentation juste entre franco-français et Beurs-Blacks. On pourrait tester leur aptitude à gérer la diversité et à éviter toute forme de discrimination. Ceci impliquerait qu'au préalable, des formations soient données avec des sensibilisations à ces nouveaux thèmes.

Certains Beurs et Blacks partent perdants et renoncent à se battre, ce qui les empêche de bien « se vendre » auprès d'un recruteur et ensuite d'assurer une carrière rapide. Dans ce cas, on peut estimer les écarts salariaux à travail égal et dégager éventuellement une enveloppe pour résorber ces disparités en quelques années. De même que le jeune peut être transformé par un stage et prendre confiance en lui-même, de telles mesures pourraient aussi, au moins dans des grandes entreprises, avoir des effets positifs. Mais ce ne sont là que des palliatifs, des signaux donnés qui ne remplaceront jamais une prise de conscience et une mobilisation des intéressés eux-mêmes.

Quand vient l'envie de baisser les bras

Le Beur et le Black gagneraient d'abord être incités, par des formations spécifiques, à construire un vrai projet personnel et professionnel car, comme disait Sénèque,

« *le vent n'est favorable que pour ceux qui savent où aller* ». Il serait utile également qu'ils soient orientés vers des filières qui débouchent sur des emplois, avec une formation suffisante et des réseaux utiles. Pour y parvenir, il est nécessaire qu'on leur donne confiance en eux-mêmes, de manière à ce qu'ils se considèrent mieux, comme individus, et qu'ils apprennent à progresser par rapport à leurs propres ressources, et leurs propres potentialités. Oui, il faut parfois en faire plus que les autres, et alors ? On pourrait profiter de la réforme LMD[1] pour permettre ces périodes de sensibilisation et d'information. Chacun aujourd'hui doit en faire plus que les autres pour s'en sortir dans une conjoncture économique difficile. Contrairement à ce que certains Beurs et Blacks pensent, un blond aux yeux bleus sans expérience ni qualification ni réseaux observe les plus grandes difficultés à être recruté. Les chômeurs en France ne sont pas que Beurs et Blacks, les travailleurs non plus, Dieu merci.

Certains semblent réunir toutes les conditions pour avoir de bons postes, mais ils ont du mal à les décrocher. Le livre de Sophie Talneau *On vous appellera* en est une belle preuve[2]. Voilà une jeune diplômée d'une des meilleures Écoles de Commerce de France, qui galère depuis plus de cinq ans alors qu'*a priori* tout la prédestinait à réussir à décrocher les meilleurs postes. Faut-il alors se résigner ? Surtout pas. Le dénominateur commun de tous les Beurs et Blacks qui réussissent est justement cette force de se

---

1. LMD : Licence, Master, Doctorat.
2. Sophie Talneau, 2005, *On vous rappellera*, Paris, Hachette Littératures.

battre davantage et cette rage de neutraliser en eux-
mêmes les mécanismes de victimisation dans laquelle
s'installent certains et qui peut finir par empêcher d'intégrer une entreprise.

La discrimination existe. Chacun en convient : les
femmes, les handicapés, les Noirs, les Arabes, les juifs,
les trop petits, les trop grands, les roux, les disgraciés et
la liste reste ouverte. Il y en a même qui cumulent,
comme le dit Coluche dans un de ses sketches : « On est
tous nés égaux. Mais il y en a qui sont plus égaux que
d'autres… celui qui est petit, noir, et moche… »

C'est aussi le moment d'inciter les Beurs et Blacks non
seulement à créer leurs propres réseaux mais à intégrer
les réseaux qui existent. Ils peuvent alors utiliser les
moyens les plus divers du coaching ou lobbying, de
l'organisation de colloques aux échanges de cartes de
visites pour faire avancer leur cause et favoriser la parité
avec les autres français et cela jusqu'au sommet de
l'entreprise. Ces liens sont essentiels. Ils permettent
d'entrer en contact avec d'autres personnes et de poser
les bonnes questions. Quel vendeur ne s'est jamais dit :
« Je suis nul, je n'arriverai jamais à conclure cette
vente ! » ? C'est comme le jeune qui perd courage : « Je
ne trouverai jamais du boulot ! » Ce genre d'attitudes
risque fort de susciter le défaitisme, voire le repli et la
déprime. En revanche, un bon commercial ou un bon
candidat diront : « Je m'y prends mal » ou bien « je ne
me suis pas adressé au bon interlocuteur ». Ils considèrent alors qu'il y a d'autres facteurs qui jouent. Quand

on dispose d'un réseau, on prend beaucoup plus rapidement conscience de cela.

C'est aussi l'occasion de rappeler à ces jeunes que le fait de ne pas avoir de réponse aux nombreux CV envoyés peut relever de leur propre responsabilité. Et même lorsque le CV est bien fait, beaucoup de candidats sont éliminés, c'est la loi du recrutement. Plus l'employeur dispose de possibilités de choix, plus vite il effectue le tri des candidatures et moins de temps sera consacré à l'étude des dossiers. Encore faut-il le savoir. Le réseau, c'est d'abord le moyen d'échanger des informations et des bonnes pratiques.

L'autre avantage des réseaux, c'est qu'ils procurent des emplois. On n'est pas obligé de chasser en meute, mais on peut au moins bénéficier des relations que l'on a pu se faire. Il est plus facile de lutter contre les stéréotypes lorsqu'on vit dans un groupe. On peut même publier des études ou des livres pour faire avancer une cause. On peut organiser des dîners-débats et faire connaître ses objectifs. Il faut bien comprendre qu'on est dans une société marquée par une tradition historique égalitaire. Il est donc inutile de trop se démarquer par des références communautaires, ce qui serait contre-productif. Mais cela n'empêche pas de se mobiliser et même de lutter pour tous, y compris pour ceux qui ne comprennent pas l'intérêt de tels mouvements sociaux. Ces réseaux peuvent être efficaces pour agir sur les représentations, en particulier sur le décalage qui existe entre les revendications des Blacks et des Beurs, si elles sont justifiées, et les perceptions qu'ont les autres de ces jeunes. Ils peuvent aussi améliorer les stratégies par des séances de sensibilisation au marketing de soi.

D'autres réseaux pourraient permettre à des mentors qui ont déjà réussi de partager leur expérience en coachant les plus jeunes. Ils peuvent inciter aussi leurs membres à devenir des forces de propositions dans les entreprises où ils se trouvent déjà. Car l'entrée des Beurs et Blacks dans les entreprises fait des entreprises françaises l'équivalent des entreprises françaises établies à l'étranger avec une nécessité de management interculturel. En réalité, on sait faire depuis longtemps et cela marche. Mais, il faudra que les entreprises françaises se transforment à cette occasion et modifient peu à peu leurs techniques de management, voire leurs valeurs fondamentales ou, au moins, leur hiérarchisation.

Élément 4

Les monologues, voilà l'ennemi

Diverses enquêtes montrent que le taux de chômage est plus élevé parmi les Beurs et Blacks diplômés que parmi les autres français. Les médias reprennent l'information. Mais, souvent, au lieu de l'analyser, ils préfèrent accuser. Il est vrai que les mêmes médias, en recherche de scoops, diffusent aussi, le plus souvent, des images très négatives de cette population Beur ou Black. L'entreprise est alors accusée à son tour. On la soupçonne de trier les candidats sur des critères qui ne sont pas toujours directement liés aux compétences requises ou par le poste à pourvoir !

Que répondre lorsque les médias, les politiques et les associations s'emparent d'un sujet qui concerne directement l'entreprise et les Beurs, Blacks ? Mais ces deux parties se donnent-elles les moyens de se connaître ? Comment communiquent-elles ? Faut-il que les candidats voilent systématiquement leur identité pour dialoguer avec l'entreprise, comme le suggère l'idée du CV anonyme ? Peut-il y avoir un réel dialogue et non deux monologues ?

Car, ce qui prédomine, pour le moment, dans la relation entre les entreprises et les Beurs, Blacks, ce sont des monologues, parfois accusateurs, parfois signes de bonnes intentions.

Le 22 octobre 2004, une trentaine de dirigeants de grandes sociétés, privées et publiques, se sont réunis pour signer « la Charte de la diversité ». Ces quelques entreprises ont décidé de se mobiliser pour répondre à une suggestion faite par le rapport de l'Institut Montaigne. L'opération a rencontré un franc succès médiatique. Mais pour atteindre des résultats probants et pouvoir en mesurer les effets, il faudra attendre quelques années. On saura alors si on n'est pas devant un effet d'annonce. On sait, en effet, que dans les PME-PMI, la question de la discrimination n'est pas une priorité alors qu'on est dans un contexte économique plutôt défavorable pour ceux qui cherchent du travail.

Comment sortir de ce « dialogue » de sourds, les uns accusant, les autres énonçant de pieuses intentions sans prendre d'engagements précis, durables et vérifiables ?

Dans certains secteurs, une exclusion quasi totale des Beurs et Blacks

Zidane, Traoré, Jamel, Noah, Adjani et bien d'autres. Voici des noms qui font rêver. De quelle origine sont-ils ? La France ne se pose plus la question et pour cause, ce sont des stars. Ils nous impressionnent et oublient que la

112

discrimination puisse même exister. Cependant, pour le Beur et Black ordinaires, la réalité est moins rose qu'elle paraît.

Notons la remarque de Karim Oumnia : « Il n'y a quasiment pas de Blacks ou de Beurs parmi les généraux ou les dirigeants d'entreprise... Le gouvernement devrait donner l'exemple. [...] Deux des plus proches collaborateurs de George Bush sont noirs. [...] Si les jeunes avaient plus souvent face à eux des policiers blacks ou beurs, ils les respecteraient plus. Et l'argument : "Tu m'arrêtes parce que je suis Black ou Beur" tomberait de lui-même. Quand les gens ne sont pas représentés, ils se sentent exclus. Les choses évoluent, mais la France est en panne d'intégration par manque de représentativité. »

La France n'est certes pas la société américaine, elle a sa propre histoire et son complexe contrat social. Mais elle n'en reste pas moins résolument monochrome, en particulier dans certains secteurs d'activités à commencer par la vie politique. Le Sénat et l'Assemblée nationale ne donnent pas, en ce domaine, l'exemple d'une représentation – encore beaucoup trop peu de députés européens, seulement trois. Cependant, l'arrivée dans le gouvernement d'Azzouz Beggag, ministre délégué à l'Égalité des chances, constitue certainement un signal heureux.

Mais ceci est vrai aussi dans les entreprises. Combien connaît-on de grands dirigeants ou de grands journalistes par exemple ? Les médias constituent justement un exemple significatif du manque de représentativité des Beurs et Blacks. Côté petit écran, la non-représentativité des Beurs et Blacks est flagrante. La présence d'Audrey Pulvar, Antillaise, dans l'émission du « Soir 3 » traduit-elle cet engagement de l'entreprise France Télévision de « *refléter la diversité de la population française* » ? Il a fallu attendre l'organisation de la « semaine de l'intégration » pour voir une télévision française en « couleur ». Peut mieux faire.

Côté acteurs ? L'essentiel est exprimé dans un article du *TéléCinéObs* titré « Fictions, une télé en blanc et blanc ». Il traduit parfaitement cette absence des Beurs et Blacks des feuilletons français : « *Les rôles sont comptés, le ton rarement juste.* » Aucune comparaison possible avec les séries américaines qui mettent davantage en scène une société métissée : en France, le petit écran montre une société homogène. « *Peu d'immigrés de deuxième et troisième générations, d'enfants café au lait, d'Antillais. Plusieurs soirs par semaine, la télévision nie la France croisée pendant la journée dans le métro, les magasins, à la Sécu, à la fac.* »[1] De plus, lorsque des minorités décrochent des rôles, ce sont des rôles de flics, jamais de commissaires. Ou alors, ce sont des rôles de videurs de boîtes de nuit, de boxeurs ou d'ouvriers. Pour les femmes, ce sont des rôles de nounous, de prostituées ou de simples employées.

L'explication de ce phénomène est donnée par une directrice de casting : « *Leur statut social n'a pas évolué. On ne*

---

1. « Fictions : une télé en blanc et blanc », *TéléCinéObs*, supplément du *Nouvel Observateur* du 23-29/04/2005.

leur permet pas d'être brillants, de faire des études. Ils seront ouvriers, pas profs. »[1] En attendant, les Beurs et Blacks grandissent sans voir de gens qui leur ressemblent à la télévision française ! Leurs parents, eux, se sont équipés de paraboles depuis longtemps, afin de rester en contact avec leur pays d'origine et d'entendre parler leur langue maternelle. Mais les Beurs et Blacks préfèrent regarder les chaînes françaises, cela représente même un sujet de discorde avec leurs parents. « Ils me saoulent avec leur parabole, c'est toujours le Maroc, le Maroc, dit Myriam en parlant de ses parents. Je me suis acheté une petite télé que j'ai planquée dans ma chambre. » Sa mère, elle, dit préférer regarder le Maroc que de voir la manière dont les Arabes sont traités à la télévision française : toujours auteurs de faits divers ou dans la misère. « On préfère même que nos enfants ne voient pas ça ! »

Pourtant, il y avait eu des émissions consacrées aux immigrés, comme « Mosaïque », diffusée de 1976 à 1997 le dimanche matin, mais cela ne représentait que très peu d'heures de télévision. La rareté des Beurs et Blacks est la même parmi le personnel de France télévision. Les quelques personnes qui y travaillent restent parfois frustrées, à l'instar de Nadia Samir, comédienne et ex-speakerine sur TF1. « *On ne m'a jamais rien demandé, sauf qu'on m'a souvent dit qu'il était dommage que je ne me sois pas appelée autrement, parce que j'aurais travaillé beaucoup plus. Mais ma gueule, je ne l'aurais pas changée, donc cela ne changerait rien.* »[2] Faut-il placer l'espoir dans les futurs

1. « Écrans pâles : diversité culturelle et culture commune dans l'audiovisuel », In La Lettre du FASILD, n° 62, janvier-février 2005.

diplômés de Sciences-po, fils d'immigrés, pour avoir des journalistes qui représenteront la France plurielle ? Pour l'instant, seul le colloque « Écrans pâles » co-organisé par le Haut conseil à l'intégration, le CSA et le FASILD en janvier 2005 a signalé ce manque et fait un certain nombre de suggestions.

Les professionnels du recrutement : pour la diversité dans l'entreprise ?

L'entreprise française, c'est désormais entendu, n'est pas parmi les bons élèves de la parité. Elle a vraisemblablement tendance à être parfois rétive au changement, ce qui la conduit à se reproduire à l'identique : en recrutant les mêmes, elle pense éviter de nouveaux problèmes. Mais elle peut aussi se priver de nouvelles compétences et de nouvelles idées.

« L'image des DRH n'est pas très positive dans le grand public. » C'est ce qui a été rappelé lors d'une réunion de l'ANDCP qui avait pour thème « la diversité dans l'entreprise ». Pour l'animateur, lui-même DRH d'une grande entreprise, « des équipes diversifiées, des gens qui pensent différemment, avec des âges et des formations différentes sont plus efficaces. Lorsqu'on se retrouve entre cadres diplômés du même profil et souvent du même diplôme, c'est triste car la diversité n'est pas là. Toutes les expériences le démontrent ».

---

2. *Ibid.*

Il y a là un argument très fort que l'on peut entendre. Accepter l'altérité sur son lieu de travail est aussi un signal fort que l'on donne aux autres. C'est surtout une image de soi ouverte que l'on se donne. Il est vrai, ajoutait un autre intervenant, que dans les grandes entreprises françaises le DRH a souvent entre 45 et 50 ans. Il est issu de Sciences-po ou d'une formation équivalente. Il peut donc, sans en être toujours conscient, stigmatiser certaines catégories de personnes et rendre ainsi possible une discrimination de fait sans avoir conscience de favoriser ou de défavoriser un groupe particulier de candidats à l'embauche. C'est la pratique ancienne qui fait loi. On a toujours fait comme cela et l'on continue.

Au demeurant, lorsqu'ils postulent, beaucoup de candidats préfèrent éviter le DRH et contacter directement le service concerné par le poste à pourvoir. Ils n'ont pas tort, selon Chantal Jarrousse : « Le professionnel (ingénieur) va souvent être plus ouvert que le DRH car il est plus axé sur les compétences pures. Il manifeste également une écoute quasi paternelle qui n'existe pas chez le DRH. »

Il n'y a pas que les habitudes qui peuvent s'opposer à de nouvelles formes de recrutement. Dans d'autres cas, l'entreprise, face aux reproches, s'exprime et se cache derrière les souhaits de ses clients ou même de ses salariés. C'est ainsi que, pendant longtemps, des professionnels du recrutement se sont soumis aux demandes d'entreprises ne souhaitant pas recruter des Noirs ou des Arabes : « Au téléphone, certaines entreprises disent qu'elles les préfèrent blonds aux yeux bleus. Ce n'est pas elles qui le souhaitent, c'est la clientèle, ou alors, c'est un problème d'équilibre. Chez Renault, ils ont dit qu'il y avait une majorité de Marocains dans l'atelier. » Une responsable de la Mission Locale de Cergy-Pontoise répond à ce genre de demandes en proposant effectivement des blonds aux yeux bleus car, dit-elle, « on ne peut pas se permettre de se griller face à une entreprise. Il y a trop de monde au portillon et de ce fait, on ne peut pas vivre cela comme une difficulté. On a effectivement du mal à « vendre » les autres candidats ».

D'autres intermédiaires, comme l'ANPE ou des agences d'intérim, disent également s'abstenir d'envoyer un candidat dont le « profil » ne correspond pas au souhait de l'entreprise. Il faut éviter que le candidat se heurte à la discrimination à l'embauche ou à un refus de la part du recruteur. Voilà ce qui peut légitimer la discrimination et pour longtemps ! Pourtant, les agents des Missions Locales sont sensibilisés à cette question de la discrimination, tout comme ceux des ANPE qui reçoivent une formation grâce à un module appelé « déontologie ». Malheureusement, ils restent, pour la plupart, assez désarmés face à des attitudes discriminatoires manifestement mal vécues par les intéressés eux-mêmes puisque reportées sur les « autres ». Or chacun sait que c'est toujours le recruteur final qui a le dernier mot dans le choix de ses collaborateurs. Alors combien de temps une telle situation va-t-elle durer malgré les lois et les nombreux processus de sensibilisation ?

Préoccupé par l'avenir de son secteur, le directeur marketing d'une agence d'intérim fait le même constat : « On a pris trop de mauvaises habitudes dans nos recrutements. Probablement du fait qu'on s'est trouvé supérieurs, parce qu'on a Liberté, Égalité et Fraternité dans nos devises. On pensait qu'on intégrait parfaitement les gens et qu'on était au-dessus de tout cela, contrairement à nos voisins anglo-saxons qui, eux, ne voient que ce qui est efficace. Aujourd'hui, le recrutement discrimine et il le fait de façon illégale. »

Effectivement, on pourrait toujours tenter d'avoir recours aux lois et lancer des procès. Mais ce n'est pas là une vraie solution. Ce serait même un signe d'échec. Et il faudrait pouvoir donner des preuves, ce qui est, hors cas exceptionnel, très difficile à faire sinon même totalement impossible. Les effets des mesures prises jusqu'à maintenant restent donc incertains, même si quelques résultats sont encourageants. Un chef d'entreprise qui n'a pas envie de recruter un Black ou un Beur trouvera toujours le moyen de ne pas lui trouver le bon profil ou de préférer un autre candidat qui aurait, selon lui, un meilleur CV.

Et puis, à l'occasion des recrutements, la plupart des entreprises craignent d'avoir à terme des problèmes supplémentaires et de devoir ainsi perdre du temps : « Un recrutement coûte cher, il faut passer des annonces, lire les dossiers de candidatures et les traiter, recevoir les candidats. Tout cela prend du temps. Je ne veux courir aucun risque, donc je prends le candidat qui me pose le moins de problèmes. [...] Pour les stages, je prends souvent les enfants de mes employés (normal de rendre service), ou alors les meilleurs élèves de leur promotion », dira le chef d'entreprise d'une PMI spécialisée dans la fabrication de matériel agricole dont la structure connaît un bon taux de turnover. Plus l'entreprise est petite, plus le comportement risque d'être frileux. La très petite entreprise n'a souvent pas de politique de recrutement. Elle n'a bien sûr pas de DRH. Pourtant, c'est dans les PME-PMI qu'il y a le plus d'embauches, puisque les grandes entreprises ne représentent que 25 % des salariés français. Si, de plus, les stagiaires sont fréquemment les enfants du personnel, à quand le recrutement de Beurs et de Blacks ? Là aussi, on risque de tourner longtemps en rond.

L'activité de recrutement est, peut-être par essence, une activité discriminatoire. D'ailleurs, le mot discrimination en langue arabe (*tamiiz* ou *tafriik*) a le même sens étymologique qu'en français : « Discernement » et « séparation ». Et comme les critères ne sont jamais totalement explicites, on peut choisir en fonction de l'apparence physique ou de l'origine ethnique. On pourrait même comprendre pourquoi, dans le but de minimiser les risques, certains préfèrent recruter indéfiniment le même type de salarié. Il s'agit à leurs yeux de « standards » qui ont toujours donné satisfaction, ce qui rend plus difficile l'accès à certains postes aux autres comme les jeunes Beurs et Blacks par exemple. Il n'est alors pas étonnant que certains Beurs et Blacks fassent la « gueule ». Avoir le sentiment de rester à l'écart du marché du travail produit ce que Robert Castel a appelé la « *désaffiliation* », à la fois sentiment d'éloignement social et état de relégation [1]. Il faut aussi éviter cette forme de dégradation du tissu social et l'entreprise, pas plus mais autant que les autres institutions, doit jouer son rôle afin d'éviter ces formes diverses d'atomisation.

D'autre part, et comme l'affirme Habermas, la discrimination signifie l'absence de tolérance mutuelle. Cela est bien le cas lorsque certains groupes ne se mélangent pas socialement (ou matrimonialement) et forment des clans. Ce phénomène de communautarisation peut être encouragé par la politique urbaine qui relègue dans des quartiers spécifiques des populations particulières, mais ce n'est pas seulement cette cause qui joue. On sait que certaines catégories sociales, comme les riches et les pauvres, qui étaient jadis mélangées, mais à des étages différents des mêmes maisons, se sont peu à peu séparées. Elles ont alors suivi des chemins scolaires différents, que ce soit à l'école ou à l'université quand ces institutions se sont développées. Toutefois, comme les groupes dominants avaient moins d'enfants que les autres, une rotation lente, mais certaine, des élites pouvait se constituer.

En France, le véritable problème n'est ni racial ni ethnique. Il est avant tout social. Car il n'existe pas, actuellement, de ghettos au sens américain du terme.

---

1. Jean-Paul Fitoussi, « La France européenne », *Le Monde* du 08/05/05.

Les occupants de ce qu'on appelle des zones urbaines sensibles souffrent certes d'un habitat dégradé et d'un taux de chômage particulièrement élevé. Et il est évident que cela devient, en soi, une cause de discrimination aux yeux de certains recruteurs. Mais on peut aussi lutter contre ces représentations, même si cela ne dépend pas directement de l'entreprise.

Qu'ils soient chômeurs, étudiants ou salariés, les Beurs et Blacks ont peur. Peur face à l'avenir dans et avec l'entreprise. Mais l'entreprise a peur elle aussi. Et pour cette raison, elle s'entoure d'un maximum de précautions pour choisir ses collaborateurs. Mais cela suffit-il à supprimer cette peur ? Et l'exclusion de certaines catégories est-elle fondée ?

Connaître les instincts grégaires et les peurs archaïques

Et si la responsabilité se situait ailleurs ? La question méritait d'être posée à une professionnelle du recrutement, Carole Octobon laquelle, sans tomber dans la banalité du discours commun, nous a raconté l'histoire suivante pour montrer que le phénomène est, somme toute, ordinaire.

« Devant les Prisunic de Lunéville passa une femme sur une chaise roulante. Elle avait eu une poliomyélite. Une inconnue l'interpella : "Madame, je ne comprends pas que vous vous montriez dans la rue. Quand on est dans votre état, on reste chez soi !", ce à quoi la première femme répondit : "Madame, pour me dire cela, vous avez certainement des problèmes. Mais ne vous inquiétez pas, votre type de pathologie se soigne très bien aujourd'hui !" Cette anecdote, véridique, suscite inexorablement, quand elle est racontée, une réaction de vertueuse indignation. Et pourtant...

Un documentaire passé sur ARTE nous montre les observations d'une éthologue spécialiste des grands singes. Dans ce film, on voit la lente déchéance du mâle dominant d'un groupe de singes atteint d'une maladie mortelle. On commence par ne plus se presser autour de lui pour l'épouiller (un rite de sociabilité chez les Bonobos). Et l'on finit par l'éloigner à coup de pierres lorsqu'il n'a plus la force de tenir son rang ni de se faire respecter. Qu'est-ce à dire ? Les néocortex qui permettent à l'homme de se penser et *de ne pas toujours être en accord avec lui-même*, pour paraphraser Paul Valéry, ne sont apparus que très récemment dans l'histoire de l'évolution. La plupart des réactions spontanées qui nous meuvent et nous gouvernent sont issues du cerveau reptilien ou du cerveau limbique que nous partageons avec nos frères animaux. Plus de 99 % de nos gènes sont communs avec ceux des mammifères. Dès lors, pourquoi nous étonner si nous sommes toujours mus par des instincts grégaires ou par diverses pulsions ? Nous valorisons spontanément les plus performants, les mieux adaptés à la domination voire, selon les darwinistes, à la propagation de l'espèce, et nous rejetons également ceux que nous percevons comme mal équipés pour la survie, voire simplement différents par rapport à un modèle de référence.

Comme l'a affirmé le psychologue Abraham Maslow, le besoin de sécurité est l'une des motivations les plus basiques de tout être humain. Pourquoi le nier ? Nos mouvements premiers et instinctifs de rejet de l'autre, surtout si ce dernier est imaginé comme différent, sont fondés sur une telle peur. Ce clochard aviné, quelle horreur ! Et cette handicapée ! Plutôt mourir tout de suite que de vivre cette lente déchéance ! Cet étranger ridicule qui s'exprime si mal, comme c'est comique ! Je me souviens aussi du jour où un professeur a fait rire toute la classe en disant d'une élève qu'elle ne serait jamais bonne à rien à cause d'une faute de grammaire... Chacun de nous pourrait écrire un gros volume avec l'histoire de ses humiliations, ses rejets, ses faiblesses, ses complexes et les échecs qui en ont résulté fondant d'autres peurs et d'autres rejets projetés sur "l'autre". Encore une raison de tourner en rond.

Selon les valeurs de référence, le degré d'évolution, voire le degré de "civilisation" d'un individu ou d'un groupe, le seuil de tolérance pourra varier. "L'autre" peut être plus ou moins prochain, plus ou moins lointain. Cela peut même varier brutalement. En témoigne cette scène où la maman du petit Cyril, quatre ans, est venue chercher son fils à l'école : "Maman, je peux ramener mon copain Amédée à la Maison ?", "D'accord, mais qui est Amédée ?". Cyril le montre du doigt : "Tu vois, c'est celui qui a le manteau vert." Dans le système de représentation de Cyril, le fait qu'Amédée, Ivoirien, soit noir ne lui semble pas spontanément discriminant.

Quoi qu'il en soit, le mécanisme qui aboutit au rejet de l'autre est universel. Oui, j'ai une peur bleue de me retrouver un jour dans une chaise roulante. Or, si ma peur est identifiée, je rejette, suivant les conseils de Voltaire, la maladie et non le malade. C'est cela la culture. Elle est dans ce glissement. C'est l'histoire du "vilain petit canard" emblématique de toutes les différences qui amènent un individu à se sentir rejeté, alors même qu'il peut surmonter la situation et la retourner en faisant de sa différence un atout. Comment devenir cygne ? C'est la question que pose Boris Cyrulnik avec son concept de résilience[1]. C'est aussi ce dont témoigne le philosophe Alexandre Jollien (né handicapé neuromoteur) dans son livre *Le métier d'homme*.

En conséquence : pas de fatalité. C'est vrai, ma marge de liberté est réduite par les instincts grégaires ancestraux et les peurs archaïques qui me poussent, dans une première réaction, à m'identifier aux mêmes valorisants et à rejeter l'étranger inquiétant. Donc "je fais avec" le reptile qui m'habite et je rends à la bête ce qui appartient à la bête. Après quoi je mobilise mes ressources spécifiques d'humanité, et alors... ce vieil étudiant inquiétant s'appelle peut-être Cioran, ce fou

---

1. Jeanne Goodall citée par Boris Cyrulnik dans *Si les lions pouvaient parler*, Paris, Gallimard, 1998.

furieux Van Gogh et cette épave droguée, Billy Holliday. Quant au patron de mon entreprise, peut être est-ce un ancien tôlard. Et moi-même si je vous disais… ! Alors cette fille que je ne peux pas sentir parce qu'elle est rousse (les roux ont toujours eu maille à partir avec le diable, n'est-ce pas ?…) peut se révéler être le génie d'informatique que les chasseurs de têtes n'arrivent pas à me recruter. Ça mérite réflexion, non ? »

Mais est-ce à l'entreprise de changer les mentalités ?

Dans « Envoyé spécial » du 15 avril 2005, Sophie de Menton, chef d'entreprise et présidente d'une association patronale, brise tous les tabous devant des CV de Beurs et Blacks : « Je ne suis pas raciste, mais étant donné que j'ai une clientèle régionale raciste, est-ce que je vais prendre quelqu'un qui ne plaira pas et qui aura 30 % de commandes en moins ? Parce que les français sont racistes, est-ce mon boulot à moi de prendre le risque pour tous les autres français ? Je crois que l'entreprise n'a pas pour rôle d'être en avance sur la société. Moi, je veux ce qu'il y a de mieux pour mon entreprise de façon à ce qu'elle se développe et que je crée plus d'emplois. Je ne suis pas chargée de réformer la société ! »

Voilà la situation dans laquelle nous nous trouvons et qui pose la question des éventuelles fonctions sociales de l'entreprise. Cela veut dire aussi clairement que le chef

© Eyrolles

d'entreprise peut être réticent, quoi que disent les éventuelles lois sur l'égalité professionnelle, simples à concevoir dans le cas des femmes puisqu'on peut chiffrer facilement les objectifs et donc imposer une logique de résultats. Un recruteur n'embauchera que le collaborateur qu'il aura choisi pour son entreprise. Et il pourra, à juste titre, reprocher à l'État de ne pas faire son travail en amont qu'il n'a pas à faire à sa place. Certains chefs d'entreprise risquent même de se braquer contre ce qui est un climat culpabilisant, surtout si on imagine des sanctions financières, et des discours qui les rendent responsables de la discrimination.

Il est même dangereux de transporter les débats du côté de la guerre des communautés en demandant des privilèges pour des personnes qui n'ont pas été correctement formées ou qui n'ont pas intériorisé les codes nécessaires dans l'univers du travail. De même, on peut perdre son temps à chercher où se trouve la « vraie » responsabilité. Du côté de l'État, de celui des entreprises ou plutôt des Beurs et Blacks ? Elle est clairement partagée et c'est ensemble qu'il faudra rapidement trouver des solutions. Dans une conjoncture économique morose, 23 % des jeunes sont actuellement au chômage en France, les entreprises ont diminué leur intention d'embauche et le niveau de leurs critères de sélection s'est élevé.

Une chose semble certaine, le discours actuel contre la discrimination à l'embauche est majoritairement tenu par les politiques, les associations et autres organismes sociaux, mais seulement par quelques entreprises. A été évoquée plus haut une réunion organisée par l'ANDCP en mars 2005 autour de la question de « la diversité dans l'entreprise ». La présence, ce jour-là, de seulement douze personnes est révélatrice d'un manque d'intérêt des responsables des ressources humaines. C'est là qu'il faut agir en évitant d'ajouter de nouvelles contraintes de gestion. Comment montrer aux entreprises qu'elles ont tout intérêt à rendre possible l'accès à l'emploi des jeunes Beurs ou Blacks selon leurs niveaux de compétence ? Pour changer les mentalités, tous les acteurs doivent être impliqués. Et même pour les jeunes Beurs ou Blacks, la vraie conquête ne peut être la libération imposée par les autres, par exemple par l'État législateur, mais la liberté revendiquée et assumée.

Élément 5

Regards de professionnels

Sous le titre « Comment ils se voient », le *Nouvel Obser-vateur* a publié en 2001 les résultats d'un sondage réalisé pour le ministre de la Ville par l'Ifop auprès des jeunes de 15 à 25 ans, nés en France de parents algériens, marocains, tunisiens ou africains. Cette enquête visait à mesurer leur « degré d'intégration ». 45 % des 522 personnes interrogées se définissaient comme des français d'origine maghrébine ou africaine et 6 % seulement comme des français tout court. Pour 65 % d'entre eux, l'école est le lieu d'intégration le plus important, même si seulement 7 % lui font confiance pour améliorer leur situation contre 41 % qui ne font confiance qu'à eux-mêmes.

Les Beurs et Blacks ont compris qu'il fallait se battre dans une société démocratique où chacun a des chances de s'en sortir, quel que soit son nom ou sa couleur de peau. Pourtant, l'image qu'ils véhiculent de cette société est souvent négative. Mais pourquoi l'image qu'ils ont de leur futur est-elle, si souvent, associée à l'échec et à la misère ? Quelques regards lucides et avisés sur les Beurs et Blacks nous apporteront des éléments de réponse...

Une responsable des relations avec les entreprises :

« Si on leur donne leur chance, ils sont, par effet de stigmatisation positive, à la hauteur. »

Chantal Jarrouse connaît la problématique « Beurs, Blacks et entreprise » depuis plus de trente ans. D'abord dans une école d'ingénieurs, puis au CUCES, organisme de formation, enfin dans une faculté des Sciences de l'Est de la France.

Tout au long de sa vie professionnelle, elle a été confrontée au recrutement des minorités : les filles, les handicapés ou les étudiants étrangers ou d'origine étrangère. Elle constate qu'en 1985, ce sujet était déjà d'actualité. « On est en 2005, s'insurge-t-elle, et on nous dit encore les mêmes choses ! » Elle se souvient très bien de l'image qu'avaient certaines minorités : « On disait, à l'école [d'ingénieurs], que les Africains n'étaient pas très doués pour les sciences car ils auraient un manque de logique. On expliquait cela par le fait qu'ils ne seraient pas nés dans des pays « cartésiens ». On reconnaissait aux Marocains de vraies compétences en algèbre, mais pas en géométrie, l'abstraction l'emportant sur la visualisation, et aux Algériens de vraies compétences linguistiques, en raison du spectre très large des sons dans les langues chamito-sémitiques, ce qui pourrait, peut-être, donner une ouverture culturelle supplémentaire. »

« Après la crise du Golfe, il n'y avait plus de travail mais l'Université n'avait, de son côté, pas cessé de produire des diplômés à placer dans les entreprises. Certains ont alors choisi la fuite en avant. Ils ont été obligés de pousser leurs études jusqu'au bout avec un doctorat et pas d'issue professionnelle. »

« Le bon choix, pour des personnes dépourvues de réseaux, eut été d'affronter tout de suite l'univers du travail, d'assurer d'abord l'emploi et ensuite de progresser dans l'entreprise. Mais qui a donné ce conseil ? Certainement pas les universitaires qui trouvèrent leur compte dans la situation nouvelle. Ces jeunes savaient qu'ils devaient se battre plus que les autres alors qu'ils avaient moins confiance en eux-mêmes. Leurs parents ignoraient ces difficultés car ils se sont sacrifiés pour assurer de bonnes études à leurs enfants et ils pouvaient croire, mais cette illusion était aussi partagée par les étudiants, que la réussite était forcément au bout comme si l'insertion professionnelle ne dépendait que d'un parchemin. Il faut que ces jeunes aient, avant tout, un projet professionnel clair. Or, faire des études, ce n'est pas un projet clair. Cela peut aussi signifier qu'on a peur d'affronter la vie. Avant, lorsqu'on leur demandait, ici même ou en entreprise « Quel est votre projet professionnel ? », on leur parlait chinois, ajoute-t-elle en souriant. Je souris car on a ici de plus en plus de Chinois. »

Son métier consiste à écouter ces jeunes en difficulté, c'est ce dont ils ont le plus besoin, selon elle. « Les scientifiques fonctionnent avec le cerveau gauche, mais parmi eux, les Beurs et Blacks sont pleins d'inquiétudes. Le déracinement les fragilise d'autant plus qu'on n'a pas toujours affaire à des personnes autonomes. Il faut les rassurer et les aider pour qu'ils puissent comprendre les codes de l'entreprise ou bien faire un CV et une lettre de motivation « lisibles ». Les Blacks et les Beurs scientifiques ont les difficultés de leur spécificité : ils se concentrent uniquement sur l'acquisition des connaissances utiles à l'examen et ne prennent pas le temps de bien se préparer à rencontrer leurs employeurs. Surtout, on ne pense pas à leur donner ce temps. Pour eux, tout est difficile, à commencer par la langue car, dans leur famille, on parle un français souvent approximatif. Dans l'entreprise, cela est perçu comme insuffisant. Et cette question est déjà un premier obstacle. Ils ne savent pas non plus se mettre en valeur, ils ne pensent pas avoir des points forts et ne valorisent rien en dehors de leurs études. Souvent, cela s'explique parce qu'ils ont peur d'être jugés, mais lorsqu'on les écoute, ils ont beaucoup de choses intéressantes à dire sur eux, sur leur culture d'origine. Malheureusement, certains se sentent comme « handicapés ». Ils partent perdants, ils écrivent aux entreprises sans y croire et cela se sent immédiatement. Ils manquent, on peut le répéter car c'est très important, de réseaux et cela se ressent dans la qualité de leurs démarches. » Chantal pense que les Blacks sont plus cool ou plus optimistes, plus agréables, plus détendus et finalement, ils s'en sortent parfois mieux que les Beurs, comme s'ils savaient que cela finirait par se faire. Ils font toujours ce qu'il y a à faire, parfois à la dernière minute, mais ils le font.

Cependant, il persiste, pour Chantal Jarrousse, une triste réalité : la relation de ces jeunes à l'entreprise. Certains ont dû redoubler leur DESS scientifique car ils ne trouvaient pas de stage en entreprise. Elle dit avoir constaté un vrai « racisme » car elle envoyait elle-même les CV pour ses étudiants et certaines entreprises préféraient rééditer l'offre plutôt que de prendre un jeune d'origine étrangère. Elle a même été amenée à appeler certains chefs d'entreprise pour s'en expliquer et c'est comme cela qu'elle a réussi à « placer » quelques-uns de ses étudiants en entreprise car, dit-elle, « je connais bien les Maghrébins. Il faut bien les connaître pour les apprécier. Les entreprises n'ont pas le temps et ne raisonnent que par la rentabilité immédiate ». Si on se met d'emblée dans une relation perdant/gagnant, on va droit à l'échec et il n'est pas certain qu'il faille parler en termes de « racisme ».

On note aussi que les entreprises qui recrutent des jeunes d'origine étrangère sont généralement celles qui connaissent le Maghreb et l'Afrique, avec une ouverture personnelle du chef d'entreprise ou des rapports professionnels à ces pays. Dans ce cas, l'intérêt économique et culturel est fort pour l'entreprise. Mais, dans la plupart des cas, le jeune « devient » à la hauteur lorsque l'entreprise, pour une raison ou une autre, décide de pallier le handicap dont le jeune n'a pas toujours clairement conscience et lui donne sa chance en lui faisant confiance.

C'est, bien sûr, cette constante psychologique que l'on nomme « stigmatisation positive ». Le regard positif d'autrui transforme la personne et change son identité. Si le jeune se sent peu capable de se transformer pour lui-même, il faut l'aider à le faire.

Un chef d'entreprise :

« Ils sont involontairement responsables de ce qui leur arrive. »

Lorsque Karim Oumnia a créé Baliston en 1993, une société spécialisée dans le développement et la fabrication de chaussures de sport haute technologie et de produits chaussants mode, entité de trois filiales qui emploie 120 personnes, il n'y avait dans son entourage que très peu de Beurs et Blacks. En effet, ses amis de l'École des mines de Nancy étaient tous franco-français et il a donc recruté Marc et Philippe ou Nicolas. Aujourd'hui, il connaît bon nombre de Beurs et Blacks, essentiellement à travers les clubs sportifs.

Il affirme qu'il y a une discrimination à l'embauche puisqu'il l'a vécue lui-même. Étudiant, il avait envoyé 50 CV restés sans réponse, alors que son voisin n'en avait envoyé que 10 et avait reçu six réponses. Or, Karim avait eu, durant sa scolarité, de bien meilleures notes. Ce constat n'a donné à Karim que davantage de rage pour se battre et ainsi voler de ses propres ailes. Pour lui, la population Beur et Black souffre d'une mauvaise image. Cependant, elle n'est pas volontairement responsable de ce qui lui arrive : elle n'a pas choisi les ghettos pour vivre dans la pauvreté et à l'écart. Si cette logique correspondait initialement à une politique sociale, elle n'en reste pas moins un échec ; tout s'est passé comme si la gestion des HLM était basée sur un critère peu acceptable, celui du statut social voire de la « race » et de l'origine, Arabes et Noirs étant souvent logés dans les mêmes endroits. D'autre part, il est souvent rappelé aux Beurs et aux Blacks qu'ici, « ils ne sont pas chez eux » alors même que dans les pays d'où viennent leurs parents, ils ne sont pas non plus de « vrais » Marocains ou Algériens... C'est dans cette équivoque identitaire que se trouve la vraie difficulté.

Mais ce qui pourrait paraître être un handicap peut se révéler aussi, plus tard, une véritable chance. Karim Oumnia, en effet, joue gagnant sur beaucoup de Beurs et de Blacks et ce qu'il dit aux autres chefs d'entreprise, c'est qu'une personne qui a plusieurs cultures, même si l'appropriation est superficielle, est une véritable richesse pour eux. Beaucoup de ces jeunes « en veulent » et souhaitent réussir. Ils ont un profil différent des autres, mais une connaissance de la vie qui, « à l'école de la vie » est parfois supérieure, même s'ils ne peuvent pas en faire mention.

Il préconise donc, non pas de les favoriser, ce qui serait absurde, mais de leur donner la chance d'obtenir, au même titre que tout le monde, les postes qu'ils méritent. C'est une communauté qui est très riche et qui représente une véritable alternative pour le futur de ce pays. Karim est persuadé que l'Europe ne se fera qu'avec ces minorités parce qu'elles apporteront beaucoup de richesses à leurs pays, le présent le prouve déjà avec de nombreux jeunes créateurs, et l'avenir le montrera encore plus. D'ailleurs, chez Baliston, on embauche des gens de tous les horizons, sans aucun favoritisme. « Je ne suis pas du style à embaucher en particulier des Blacks ou des Maghrébins. Je pense que tout fonctionne au mérite. » Certains de ces jeunes ont connu, à l'école de la vie, des expériences très dures. Ils ont pu acquérir le sens de la difficulté. Ils savent ce que c'est que de s'affronter à une barrière plus haute que celle que connaissent les autres. Ils auront donc des revanches à prendre. Encore faut-il qu'on leur en donne les moyens et qu'ils fassent l'effort d'aller vers les entreprises car ils sont pour beaucoup « culottés », ce sont même des négociateurs nés : « Vous trouverez, parmi des gens originaires du Tiers-Monde, 5 bons commerciaux sur 10, en France, vous en trouverez, peut-être, 1 sur 10. Je sais que ces jeunes n'ont pas peur d'affronter les autres car c'est la vie qui vous apprend cela et je dis aux chefs d'entreprise : « Je vous assure que c'est une véritable ressource pour l'entreprise. Profitez-en ! »

Karim est persuadé que le temps fera que ces discrimi-nations s'estomperont de toute façon. Selon lui, ce n'est pas une loi qui va changer cela, il faut seulement laisser un peu de temps au temps, mais, en attendant, Beurs et Blacks doivent aussi faire des efforts. Et les médias, car ce qui est dit publiquement est très important. Il faut dire à ces jeunes : « Allez, bougez-vous ! Il ne faut pas accepter la fatalité, vous êtes capables de faire des choses, chacun dans votre coin, vous êtes tous capables de faire des choses, donc faites-les, faites-les ! »

Mais, aussi battants soient-ils, les Beurs et Blacks manquent encore de repères concernant l'entreprise. « Il faut qu'ils s'identifient à d'autres personnes qu'à des sportifs, des comiques ou des chanteurs. Il n'y a pas que ces formes de réussite. Ce sont même, dans certains cas, celles qui nécessitent le moins de préparation et le plus de chance, surtout dans certaines formes du show-biz. Mais, à côté de cela, il y a des intellectuels, des chefs d'entreprise, des philosophes, des écrivains. »

« Il n'y a quasiment pas de Blacks ou de Beurs parmi les généraux, les dirigeants d'entreprise... » Peut-on citer, en France, en dehors de Yazid Sabeg, un seul dirigeant d'entreprise cotée au Cac 40 qui soit Beur ou Black ?

Un enseignant : « La France doit accepter de partager. »

Professeur de mathématiques à l'université depuis plus de 16 ans, Abdellatif Mortajine a vu passer beaucoup de Beurs et de Blacks dans ses cours successifs, mais aussi à travers ses activités associatives menées en dehors de l'université. Pour lui, ces jeunes souffrent de problèmes dont tout le monde est responsable. D'abord, certains vivent des situations dramatiques car ils sont enfermés dans des logiques, celles des ghettos en particulier. Ils sont, en effet, relégués dans des banlieues cloisonnées, socialement et culturellement en marge de la République. Renvoyés, génération après génération, à leurs origines supposées, ils désespèrent de devenir un jour des français comme les autres.

Pour cet enseignant, le ghetto est quelque chose de terrible. C'est une cage invisible qui donne l'impression d'être libre, alors qu'on est obligé de subir ou d'agir comme tous ceux qui y vivent. Dans ces ghettos, les jeunes se fabriquent un monde à part qui n'existe que dans leur tête, avec son langage si particulier et ses références. D'autre part, les parents de ces jeunes ne sont pas toujours un bon repère. Ils ont réussi, à leur manière, mieux que s'ils étaient restés dans leurs pays d'origine, mais ce qui, à leurs yeux, est une réussite considérable, n'est pas vécu de la même manière par leurs enfants. En France, l'école fonctionne en complément de la famille sur laquelle elle s'appuie au besoin, en particulier pour aider ceux qui sont en difficulté. Mais certaines familles, qui se sentent incompétentes ou qui n'en ont pas les capacités, laissent faire l'école et participent peu à la réussite scolaire de leurs enfants.

L'État est également responsable selon Abdellatif. Il a fabriqué des jeunes assistés lorsqu'il leur paie, par exemple, des vacances. « Je ne sais pas quel est le génie qui a trouvé une pareille idée et qui a réussi à la vendre, emballée dans un beau discours à destination des familles défavorisées ou de ses électeurs. Un jeune qui reçoit de tels cadeaux sans avoir eu à faire d'efforts doit se poser des questions sur sa vie. » C'est d'ailleurs cela la différence fondamentale qu'il y a entre ceux qui sont nés ici et ceux qui sont venus du pays. Que disent ces derniers ? « Nous avons la chance d'avoir vécu d'abord dans un pays pauvre. C'est une chance énorme pour comprendre les pays riches. Là-bas, tu prends conscience de ta vie. On te lâche très tôt et tu apprends vite, le plus souvent en dehors de l'école. Du coup, tu es obligé de prendre position par rapport à ce que tu vis. » Abdellatif, comme beaucoup de Maghrébins et d'Africains, est venu faire ses études supérieures en France puis il y est resté. C'est, peut-être aussi, ce qui explique son regard.

Heureusement, pense-t-il, beaucoup sortent de ces cadres aujourd'hui. Les parents de bon nombre de Beurs et Blacks ont fait des études, au moins partielles, et leurs enfants ont le même taux de réussite que celui des classes auxquelles ils appartiennent, les mêmes soucis également. Du coup, le débat devient différent. En famille, Abdellatif aborde souvent le sujet de la religion, de la place de la femme et il se soucie de la qualité des échanges avec ses enfants. Il cite des cas d'amis compatriotes dont les enfants sont étudiants en médecine, en pharmacie ou élèves de grandes écoles. Cette observation est, pour lui, capitale. Si une première génération a suffisamment investi, les suivantes peuvent en bénéficier. Mais c'est loin d'être le cas pour tous.

Pour Abdellatif, en outre, « les problèmes ne sont pas derrière nous, mais devant nous car le patron d'une organisation (entreprise, association, etc.) pourrait bientôt s'appeler Mohamed et la France n'est pas préparée à cela. Rien n'est fait en France pour que le chef s'appelle Mohamed. Deux malheureuses tentatives par-ci par-là ont certes existé, mais toutes ont échoué. Il reste encore beaucoup de travail à faire et c'est l'État qui a le devoir de l'entreprendre. La France reste très franco-française et elle doit certainement accepter de partager plus encore avec ceux qui désormais la sollicitent ».

Un cadre : « Les handicaps existent mais ils sont surmontables. »

Aujourd'hui cadre à la direction de la Poste à Paris, Omar Lakrati mène une carrière honorable démarrée dans cette grande entreprise publique il y a plus de douze ans, après avoir travaillé dans les services informatiques d'une grande banque. L'ascenseur républicain a plutôt bien fonctionné pour lui et à la lumière de son expérience réussie, il conseille aux Beurs et Blacks de privilégier les grandes entreprises plutôt que les petites car, dit-il, les possibilités y sont plus étendues et les plans de carrière plus intéressants. Toutefois, insiste-t-il, il serait inexact de dire que tout a toujours été facile pour lui. Omar a dû se battre et chaque difficulté rencontrée lui a donné une force supplémentaire pour se battre encore davantage car généralement les salariés, dit-il, lorsqu'ils voient arriver un « étranger » dans un service, se posent une question légitime : « A-t-il le niveau ? » À ce moment-là, il faut montrer qu'on est à la hauteur du poste qu'on occupe, comme cela est le cas pour tout le monde, serait-on aussitôt tenté d'ajouter.

Omar a été examinateur dans des jurys de la fonction publique et là, il a pu relever ce qu'on peut considérer

© Eyrolles

comme une attitude discriminatoire à l'égard de certains candidats. Certains membres de ces commissions gardent de vieux réflexes inadaptés et subjectifs vis-à-vis des candidats et ceux-ci ont malheureusement des points en moins. D'un autre côté, certains candidats n'ont pas intégré tous les codes nécessaires à leur réussite. Par exemple, certains comportements, sans être critiquables, ne sont pas compris par ceux qui ne connaissent pas les autres cultures. Lorsqu'on est Maghrébin ou Noir, sourire est une preuve de politesse et quelque chose d'admis devant les gens du pouvoir et face aux plus âgés. En France, cela peut être interprété comme étant une marque d'ironie, de sournoiserie ou le signe d'un manque de franchise, ce qui joue souvent en défaveur du candidat. Beaucoup de candidats, qui n'ont pas intégré ces codes, sont pénalisés. Les attitudes discriminatoires existent donc, nées de la méconnaissance des cultures en présence. Omar a ainsi vu des carrières bloquées pour des Noirs, mais cela n'est pas insurmontable pour ceux qui veulent dépasser ces blocages.

À chaque fois qu'il a détecté un blocage, il s'est battu pour aller plus loin, ce qui l'a obligé à faire de gros investissements. Il est vrai que c'est la règle pour tout individu qui intègre un groupe. Il doit montrer que le poste ne lui a pas été octroyé de manière indue, mais qu'il a gagné le droit de l'occuper par ses propres qualités. Tout cela doit continuer ainsi. Il faut faire preuve de rigueur et de responsabilité même si les erreurs, dans le cas d'un Beur ou d'un Black, se voient plus vite que chez les autres. Ce qui revient à dire, selon lui, que l'entreprise française n'est pas fondamentalement raciste. Elle n'est que le reflet de la société et si celle-ci méconnaît les autres, on retrouve ces incompréhensions à un niveau micro, dans l'entreprise. Aujourd'hui, une entreprise comme la Poste fait beaucoup pour les Beurs et Blacks, à eux de se battre ! Tel est le message que veut délivrer Omar.

Si ces quelques regards témoignent d'une image ambivalente, ils montrent aussi qu'il n'y a pas toujours de différences notables entre des observateurs franco-français et certains membres des communautés Beurs et Blacks. Il s'agit toutefois ici exclusivement de professionnels. C'est la raison pour laquelle aucune généralisation n'est applicable car, si on sort du milieu de l'entreprise, les avis peuvent être très différents. Si on interrogeait d'autres acteurs sociaux étrangers à l'entreprise, on aurait certainement d'autres points de vue. Comme le rappelle Maryse Puatti, directrice de projet de ville : « Le phénomène de discrimination, tout le monde en est responsable et contribue à le créer. Certains jeunes issus de l'immigration véhiculent eux-mêmes des tas de représentations qui, elles-mêmes, contribuent au fait que parfois ils s'excluent du marché du travail et cela, pour différentes raisons : ils n'ont pas assimilé les codes et projettent sur les autres leur peur et donc s'auto-excluent. » Ce même point de vue est partagé par Catherine Benoist de la Mission Locale de Cergy-Pontoise. Pour elle, ceux qui ont le plus de problèmes, de comportement par exemple, sont ceux qui se victimisent le plus et le rôle de ceux qui les encadrent est de ne pas les conforter dans cette attitude. S'il y a bien une priorité, c'est de sortir ces jeunes de ces représentations qui cèdent à la facilité d'accuser autrui.

Certains de ces jeunes, par exemple, craignent une rencontre avec le chef d'entreprise, mais cette peur n'est-elle pas légitime lorsqu'on a une image erronée de l'entreprise qui, de son côté, n'a de cette population qu'une image déformée par le miroir médiatique ? Chacun sait combien l'inconnu peut inquiéter. Et tout aussi bien les Beurs, les Blacks que les entreprises gagneraient beaucoup à mieux se connaître afin de comprendre qu'ils ont besoin les uns des autres. Pour cela, ils doivent se rencontrer, sans intermédiaires politiques ou associatifs. Ce qui impose qu'on prépare cette rencontre. C'est l'approche privilégiée par l'association Alliances qui, dans ses actions d'insertion des jeunes diplômés en difficultés d'intégration, organise des rencontres directes entre les jeunes – dont de nombreux Beurs et Blacks – et des chefs d'entreprise. C'est ainsi que chacun devra faire un bout de chemin vers l'autre afin de se faire son opinion propre, pour que la malévolution puisse se transformer en rencontre heureuse et en coévolution.

Élément 6

Des exemples révélateurs

« Que cela plaise ou non, les français n'aiment pas les étran-gers. Les pauvres, bien sûr. Les riches, on les appelle les touristes. » Lorsque Françoise Giroud avait énoncé cette belle vérité, l'expression « minorités visibles » n'était pas encore inventée pour désigner les faux étrangers résidant en France. Car ils ne sont pas tous également visibles, ce que souligne Charlélie Couture : « Les étrangers qu'on préfère, ce sont les étrangers de couleur parce qu'on les repère de loin ! »

« Minorités visibles ». Voilà encore une de ces expressions que Beurs et Blacks contestent : « Est-ce que j'ai la gueule d'une minorité visible ? » criera Nadia, d'origine marocaine, blonde aux yeux clairs. « Il faut qu'ils arrêtent de nous taxer de tous les noms ! » Cette expression, largement utilisée dans le rapport de l'Institut Montaigne pour faire référence notamment aux Beurs et Blacks, vise essentiellement ceux qui seraient sujets à une discrimination de la part des entreprises, ceux qui galèrent, ce qui n'est visiblement pas le cas de Nadia, une cadre de 27 ans qui ne manque pas d'ajouter en riant : « Vous voyez, moi je suis invisible, d'ailleurs vous ne m'avez jamais vue… »

On peut parfois avoir la même réaction devant des Français sympathiques qui vous disent, lorsque vous êtes étranger : « Ah, toi tu n'es pas comme les autres, tu es différent ! » et l'on est supposé prendre cette remarque pour un compliment ! Alors que nous savons bien que ceux qui parlent de « minorités visibles » sont souvent ceux qui s'empêchent de parler de « minorités qui sentent » ou de « minorités qui s'entendent de loin ». Le bruit et les odeurs, c'est ce qui s'invente lorsque, justement, on ne peut pas voir quelqu'un.

Au-delà de la sémantique, on peut dire que ceux qui réussissent deviennent rapidement invisibles, non pas parce qu'ils sont moins « colorés » que les autres, comme Nadia, mais parce qu'ils semblent poser moins de problèmes. On les remarque donc peu et les médias n'en parlent jamais. Ils ont des occupations professionnelles et sociales qui leur permettent de s'épanouir et d'oublier parfois que les difficultés peuvent exister. Ne parlons pas de stars du sport ou de la chanson dont on finit par oublier les origines. Ils sont, certes, minoritaires mais ce sont des exemples heureux qui peuvent permettre d'imaginer d'autres avenirs. Les Beurs et Blacks qui réussissent ne sont peut-être pas suffisamment nombreux, eu égard à l'ensemble de la population, mais ils existent. Deux cadres nous racontent comment a été possible leur réussite somme toute « ordinaire ».

Quelques exemples révélateurs

Naziha : « J'ai rencontré les difficultés d'une femme active qui est aussi mère de famille. »

Aujourd'hui directrice d'un centre d'appels à Paris, Naziha, 40 ans, originaire d'Algérie, dit avoir eu beaucoup de chance. Elle a démarré sa vie professionnelle dans la filiale française d'un groupe hollandais où elle a travaillé dix ans tout en côtoyant beaucoup de nationalités. Elle est titulaire d'un bac + 4 et d'un DESS de marketing vente, orientation commerciale et marketing. Son DESS lui avait facilité le choix de l'international. Mais après la naissance de ses enfants, elle a dû se réorienter vers la communication pure et là elle a eu des difficultés davantage liées au secteur d'activité qu'à son origine. Elle est ensuite recrutée dans un centre d'appels, une activité émergente très internationalisée car de nouvelles plates-formes, pour des raisons de coûts, apparaissent de plus en plus à l'étranger. C'est en raison de ce métier que Naziha dit avoir pris conscience de son identité maghrébine car elle a découvert, dans ce secteur, un environnement où il y avait énormément de Maghrébins – effet de la ségrégation dans d'autres secteurs et, en conséquence, les employés sont souvent surdiplômés. Cela ne la touchait pas directement en tant que cadre, mais les employés se plaignaient sans cesse de leurs conditions de travail, des salaires trop bas, de l'exploitation dont ils se sentaient victimes dans ce secteur d'activité, etc. Les propriétaires de l'entreprise entendirent ces doléances qui atteignaient aussi la presse. Après avoir participé à l'étude de faisabilité d'un nouveau centre d'appels au Maroc avec des salaires beaucoup plus faibles, mais une main-d'œuvre plus motivée, elle est allée dans ce pays pour accompagner ce projet pendant deux ans. Une expérience intéressante selon elle, même s'il lui fut très difficile de vivre seule avec ses enfants dans un pays qu'elle ne connaissait pas.

Professionnellement, Naziha dit n'avoir jamais connu de galères : « J'ai une évolution de carrière comme toute femme en France. Je subis des contraintes davantage liées au sexe qu'à l'origine. Je suis dans un milieu excessivement sexiste, ce qui est vrai dans le monde des nouvelles technologies… C'est plus l'environnement qui veut cela que les origines. À aucun moment de ma vie professionnelle, je n'ai ressenti un quelconque souci lié à mes origines. Pour moi, c'est plutôt une force et le regard des autres ne m'a jamais été un problème. » Il faut dire que Naziha n'est pas issue de l'immigration dite économique : « Lorsque nous sommes arrivés d'Algérie (elle avait neuf ans), nous avons habité un quartier privilégié de la région parisienne. On était les seuls Arabes de la commune. Mon père était fonctionnaire en Algérie. Il fut muté en France et on y est resté. »

Pour elle, le discours actuel autour de l'intégration « n'a pas lieu d'être car les personnes dont on parle sont des français comme les autres. Ils sont nés en France mais leur identité culturelle est plutôt un plus, c'est ce qui fait la différence. Je suis contre la ghettoïsation et l'assimilation. Aujourd'hui, je me considère comme une étrangère, mais de nationalité française. Le marché de l'emploi est très difficile actuellement et quelques critères de différenciation accentuent la difficulté. Quand je vois certains comportements de jeunes issus de l'immigration et celui de certaines femmes de la même catégorie, je me dis : « Si tu es là où tu en es, c'est que tu l'as bien voulu » et cela est valable pour tout le monde. Chacun doit accepter de rentrer dans la compétition. Qu'on admette que pour les personnes handicapées, il y ait des dispositions à prendre, oui, car il y a une vraie différence, des contraintes physiques et intellectuelles, mais ce n'est pas d'habiter dans le 92 ou le 93 qui doit faire la différence ».

Rachid : « J'ai connu le racisme, mais jamais dans l'entreprise. »

Rachid, la quarantaine, est un cadre dynamique d'une filiale de traitement des valeurs mobilières du groupe des Caisses d'Épargne appelée Gestitres en Basse-Normandie. L'ascenseur social, il a pu le prendre et ainsi crever le « plafond de verre », naturellement, grâce à sa persévérance et à la « seule sueur de son front ». Lorsqu'il était étudiant en économie et finances, il a toujours trouvé, seul, des jobs d'étudiant : restauration,

gardiennage, hôtellerie, garde d'enfants et animation.
Après son DESS, il a vu juste ; il fallait avoir un bagage
plus concret pour décrocher un travail intéressant. Il a
pu obtenir un prêt bancaire pour intégrer une école et
préparer une formation informatique, ce qui lui a
permis de décrocher immédiatement un poste dans une
grande entreprise. Sur sa belle réussite professionnelle,
Rachid n'a rien à dire, si ce n'est que tout se passe très
bien avec ses collègues, ses clients et sa hiérarchie.

Pourtant, même s'il n'y accorde pas une importance
particulière, Rachid remarque que le racisme ordinaire
existe en dehors de l'entreprise, dans des contrôles de
papiers par les forces de l'ordre qui voient un Arabe
conduire une belle voiture (pas normal !) ou, comme
cela a été le cas récemment alors qu'il allait participer à
un congrès national avec ses collègues, car il fut le seul à
être contrôlé dans un aéroport parmi tous les passagers
d'un vol interne. Lorsqu'il a dit à son contrôleur :
« J'espère que vous m'avez choisi par hasard », celui-ci
l'a laissé partir. « Sans commentaires », dit Rachid car
pour lui, les français d'origine étrangère doivent être au-
dessus du racisme ordinaire. Leur part de responsabilité
dans les affaires de la cité et de l'entreprise doit être
pleinement et sereinement assumée.

Des carrières comme celles de Naziha et de Rachid sont
assez nombreuses, mais fort discrètes en France. Elles
dépendent des conditions initiales, c'est-à-dire du
milieu familial, du choix de la filière universitaire, de
l'importance du réseau de relations sociales que certains

Beurs et Blacks ont pu créer seuls dans la période qui précède l'entrée dans le monde du travail stable, et, bien sûr de l'acharnement au travail. C'est tout cela qui permet d'éviter d'être au chômage et d'augmenter la probabilité de trouver ou de retrouver un emploi convenable.

Tous les fils d'immigrés ne sont pas forcément en échec scolaire et professionnel. En présentant le cas d'une famille immigrée dont les enfants réussissent, un hebdomadaire français titrait : « Tout les prédestinait à l'échec scolaire. Fils d'immigrés et super diplômés... » De tels préjugés sont dangereux. Toutes les enquêtes montrent que, globalement, ces enfants ont les mêmes taux de réussite scolaire que les jeunes français à milieu social équivalent. Lorsqu'ils ont la chance d'évoluer dans une famille équilibrée, lorsqu'ils se donnent les moyens et ne se replient pas dans une victimisation qui peut être injustifiée, certains enfants d'immigrés réussissent parfois même mieux que des français de souche à niveau égal à cause des handicaps de départ. De nombreux exemples se présentent dans les universités et les grandes écoles. Beaucoup ont aujourd'hui la rage de réussir, se battent et comptent bien donner tout son sens au pacte républicain, sans compter sur l'action des politiques, d'associations ou d'autres intermédiaires.

Il faut qu'on arrive aujourd'hui à se débarrasser d'un stéréotype qui considère que les Beurs et les Blacks sont des immigrés de la première génération en plus jeunes, selon une formule d'Hervé Sérieyx qui rappelle aussi que « *les jeunes d'aujourd'hui, ce n'est pas nous en moins vieux* »[1]. Si certains Beurs et Blacks se battent pour obtenir de bons diplômes (car il en existe beaucoup qui ne mènent à rien), c'est justement pour éviter la situation dont leurs parents ont longtemps souffert. Qu'on ne s'y trompe pas, ils n'occuperont pas les postes dont personne ne veut. Et même ceux qui n'ont aucune formation ni qualification, n'accepteront un travail que s'ils y trouvent du plaisir, comme le souligne une responsable de la Mission Locale de Cergy-Pontoise : « Certains jeunes seraient enchantés d'aller travailler dans les métiers du bâtiment ou dans la restauration, mais ça ne sera pas la majorité. Trouver du travail pour ces jeunes-là ne pose pas vraiment de problèmes, mais y rester, cela est un autre problème ! »

Pas étonnant alors si certains secteurs affichent une pénurie de main-d'œuvre et envisagent dès à présent d'aller chercher leur personnel à l'étranger. Si l'immigré du XIXe et du XXe siècles a été un travailleur manuel et docile, ses enfants se rebellent totalement contre cette situation et ce même immigré n'a pas toujours envie que ses enfants vivent ce qu'il a connu et fera tout pour leur éviter cela. Pour ce faire, certains ont accepté d'investir dans les études de leurs enfants plutôt que d'envoyer leur épargne à l'étranger dans les chimères d'un imaginaire retour au pays. Ces parents lucides choisissent d'éviter la galère à leurs enfants. Ils

---

1. Hervé Sérieyx, 2004, *Alerte sur notre contrat social. Coup de gueule en urgence*, Éditions d'Organisation.

souhaitent les mettre à l'abri du chômage. Mais les choses ne se passent pas aussi facilement.

Avoir un bon diplôme ne suffit pas toujours pour s'assurer un bon avenir. Dans une conjoncture économique difficile, cela est valable pour tout le monde et, *a fortiori*, pour les Beurs et Blacks surtout lorsqu'ils sont absents dans certains secteurs, ce qui réduit leurs chances de trouver des postes. Et cette même crise économique peut provoquer des formes diverses de racisme. Cela dit, elle favorise néanmoins une prise de conscience. Dont tout le monde peut bénéficier et pas seulement les Beurs ou les Blacks.

L'entrepreneuriat Beur et Black

Un nombre de plus en plus important de Beurs et Blacks ont pris conscience que, pour améliorer leur situation, la création d'entreprise était une bonne solution. Certains ont voulu échapper au salariat, d'autres ont cherché une promotion sociale plus rapide dans une société où elle se fait habituellement sur plusieurs générations. Les entreprises ainsi créées sont, avant tout, le résultat du dynamisme et de la compétence de leurs créateurs.

Un groupe de réflexion mis en place le 27 avril 2005 par Laurent Hénart, alors secrétaire d'État à l'Insertion des jeunes, préconisait la création ou la reprise d'entreprise comme solution pour les jeunes diplômés afin de leur assurer une bonne insertion professionnelle. Cette proposition est d'autant plus ouverte aux Beurs et

Blacks que « *les jeunes diplômés issus de l'immigration ou des quartiers défavorisés se démobilisent souvent dans leur recherche d'emploi, ou bien ont tendance à accepter des emplois sous-qualifiés – par rapport à la formation de base* »[1].

L'entrepreneuriat est une tradition bien connue dans certains groupes très particuliers de la population immigrée. Qui ne connaît pas au moins un épicier chleuh ou mozabite appelé faussement « l'Arabe » ? Sa boutique est ouverte de 6 heures à 23 heures. Et quelques années plus tard, il réinvestit son capital dans des entreprises de plus grande taille. Beaucoup d'immigrés, désireux de remédier au chômage, ont déjà fait le saut. En 1989, 30 000 Maghrébins exerçaient une activité indépendante, chiffre qui ne comprend pas ceux qui ont acquis la nationalité française. Et beaucoup d'entre eux ont connu une réussite discrète et anonyme, significative du courage d'entreprendre et du goût du risque qu'ils avaient déjà exprimés à travers la rupture avec leur pays d'origine et une adaptation dans un contexte nouveau et inconnu.

Aujourd'hui, l'image de l'entrepreneuriat immigré a changé. Beaucoup de ces entrepreneurs dirigent des PME-PMI. Certains valorisent leur double appartenance en France en important des produits d'au-delà de la Méditerranée ou travaillent avec leur pays d'origine en y exportant leur production. Certains se lancent avec l'idée

---

1. François Gaudin, directeur délégué de l'association pour faciliter l'insertion des jeunes-AFJI, In « Des pistes pour l'insertion des jeunes diplômés », *Le Monde* du 09/05/05.

de créer leur propre emploi ou avec le désir d'échapper au statut de salarié. Dans d'autres cas, la création d'entreprise est une réaction face à la discrimination dans l'emploi. Il y a donc beaucoup de causes dans la démarche de créateur d'entreprise. Et les motivations peuvent être fortes, condition de la réussite des projets.

C'est ce que conclut une étude menée récemment par les Boutiques de Gestion de Lorraine *Alexis* auprès d'un groupe d'enfants d'immigrés créateurs d'entreprises. Parmi les personnes interrogées, aucune ne se trouvait, avant la création de son entreprise, dans une situation professionnelle satisfaisante. Beaucoup recherchaient un statut social valorisant. Certes, tous ces créateurs n'ont pas toutes les aptitudes pour mener seuls leurs projets à bien. L'accompagnement à la création a joué, pour beaucoup d'entre eux, un rôle facilitateur dans la mesure où il a aidé le porteur de projet à entrer dans des milieux nouveaux et à satisfaire aux diverses demandes, parfois complexes, qui étaient faites. Et cela a marché.

Contrairement aux idées reçues, cette étude révèle qu'il n'y a pas de différences statistiquement significatives entre les porteurs de projets Beurs et Blacks et les autres créateurs d'entreprises. Il en est de même pour ce qui est de la répartition hommes/femmes, de la catégorie socio-professionnelle, du niveau de formation ou de la situation familiale. La seule différence se situerait dans la situation sociale : les créateurs Beurs et Blacks sont plus majoritairement demandeurs d'emploi de longue durée (+ 13 %) et RMIstes (+ 26 %). Il n'empêche. Plusieurs créateurs d'entreprises ont eu la même chance que les autres. Toutefois, il est très difficile de se prononcer sur le taux de réussite à plus long terme qui dépend, comme chacun le sait, d'un nombre important de facteurs. C'est ce qui interdit, provisoirement toute généralisation, comme l'affirme Naji Abboud, le PDG de BDC Multimédia : « Un projet économique est le fruit de la volonté forte d'une personne ou d'une équipe. Il faut mener un travail en amont qui permet de recenser les objectifs vers lesquels on veut aller. Un tel projet transcende complètement les différences culturelles ou autres. On a de bons entrepreneurs qui viennent de tous les horizons. Ensuite, il y a plusieurs niveaux qui sont les conditions de mise en œuvre et de réalisation des projets. Il faut avoir une visibilité par rapport au potentiel du projet et se projeter dans l'avenir. Les difficultés rencontrées sont communes à toutes les personnes, quelle que soit leur origine ethnique, culturelle ou sociale. »

Les exemples de Mohamed Dia et de Karim Oumnia font rêver. Ils donnent même l'impression que c'est facile, que cela va de soi de réussir en affaires. Pourtant, chacun sait combien il est difficile de créer et de maintenir une activité entrepreneuriale.

Mohamed Dia

Le styliste black sorti d'une banlieue parisienne, avait décidé de briser ce qui aurait dû être son destin. Il exploite volontiers ce qu'il appelle son diplôme HEC (Haute école du culot). Aujourd'hui, la marque Dia est présente dans près de mille points de vente en Europe. Pourtant, les difficultés, Mohamed Dia n'avait connu que cela. Il est le cinquième et dernier enfant d'une famille d'immigrés maliens. Le père, agent technique à Radio France, la mère, cuisinière, s'installent à Sarcelles, divorcent très vite et le petit Momo est placé à la DDASS. Il retourne dans sa banlieue à 12 ans et, accusé d'un vol de voiture, écope de quatre mois de prison à 15 ans. Était-ce le déclencheur ? En tout cas, Mohamed est sorti de cette expérience de vie plus requinqué qu'affaibli : « Et si j'ai été déterminé à ne plus mettre les pieds dans des cabanes de ce genre, ce n'est pas à cause de la leçon qu'on m'y aurait donnée, mais parce que je sentais mériter mieux que cet avenir-là. »

Karim Oumnia

Sans être issu de l'immigration ni avoir eu les mêmes galères, il a beaucoup de points communs avec Mohamed Dia. Tout d'abord, si aujourd'hui, à 37 ans, il est à la tête d'une entreprise de 120 personnes qui ne cesse d'évoluer à l'international, c'est parce qu'il a eu, à sa manière, lui aussi son diplôme d'HEC. Il avait entendu des voisins de table, des Brésiliens, évoquer, dans un restaurant, leurs soucis pour fabriquer des chaussures de sport. Là, « j'ai aussitôt proposé mes services, un peu au culot. Il faut dire que je ne connaissais absolument rien à la chaussure, mais j'avais tellement envie de faire quelque chose dans le domaine du sport ». L'arme de Karim, c'est, bien évidemment, le goût du risque. Les Brésiliens ont été séduits par son audace et lui ont fait confiance. Il est parti en Asie pour revenir, non seulement avec la semelle qu'il avait promise, mais avec une nouvelle chaussure dont il s'est vu confier la production. De fil en aiguille, il a créé sa propre entreprise.

Né à Alger dans une famille de huit enfants, Karim était venu en France en 1990 pour y continuer ses études, après l'obtention d'un diplôme d'ingénieur à l'École polytechnique d'Alger. Il prépare un second diplôme d'ingénieur à l'École des mines de Nancy puis un DEA. Il est très intéressé par le sport et par l'innovation. Il crée donc, en 1995, Baliston, dont le sens est tiré du mot latin *balista*, qui signifie la catapulte. « Tout le monde se moquait et me disait que je n'avais aucune chance. J'avais des idées. J'ai donc décidé de me battre. Comme je n'avais pas les moyens, je me suis dit que j'allais me battre avec des idées. Un crayon et du papier et des moyens ancestraux, une catapulte, une baliste. C'est devenu le symbole de la marque : « David contre Goliath. » La petite entreprise lorraine contre la *World Company*. Cela fait rire, mais on a quand même pris pas mal de parts de marchés. » Aujourd'hui, Baliston a développé beaucoup de produits dont « l'ultra-light, la chaussure de sport la plus légère au monde ». C'est une véritable révolution dans le monde du sport car « peu de choses sont faites dans l'innovation, beaucoup de marketing, certes, mais peu de choses en R&D ». Pour marquer les esprits, Karim a voulu inscrire son action dans le domaine du foot. Il a alors trouvé un argument que personne ne pouvait contester. Le véritable outil de travail d'un footballeur est, bien sûr, sa chaussure. « Zidane, en 1998, a joué durant la Coupe du monde avec une chaussure de 370 grammes. J'ai développé une chaussure de 240 grammes, ce qui est une véritable révolution. À l'époque, personne ne parlait du poids, alors qu'aujourd'hui, tout le monde utilise le poids comme un véritable argument commercial dans le football. Une chaussure high-tech, c'est une chaussure un tiers moins lourde que la chaussure de Zidane ! »

Baliston est aujourd'hui une marque internationale. Certains pensent même que c'est une marque américaine. « Nous sommes présents aux États-Unis, en Belgique, nous ouvrons un bureau en Chine cette année et au Canada. On est en plein développement et les choses se passent bien. » Karim vient aussi d'ouvrir une unité de production en Algérie.

Le secret de Karim ? Ne jamais se poser en victime et faire de sa différence un plus. « Je me considère comme un citoyen du monde. Aujourd'hui, il est stupide de penser qu'il y a encore des frontières. Tout le monde est citoyen du monde. J'ai la chance de beaucoup voyager et cela, dans le monde entier. Mes enfants n'ont aucun problème d'identité et ils connaissent leur chance. Je leur dis qu'il vaut mieux avoir deux choses qu'une : deux cultures, deux langues, deux pays. Je veux même qu'ils maîtrisent très vite l'anglais. Ils ont une double chance que beaucoup n'ont pas. » Karim s'est même constitué porte-parole des minorités : « Ce que je dis aux chefs d'entreprise que je rencontre, c'est qu'une personne qui a plusieurs cultures est une véritable richesse pour lui. Dans mon entreprise, je cherche des personnes à plusieurs cultures, qui sont des gens qui en veulent, qui veulent réussir et montrer de quoi ils sont capables. Ils ont un profil différent, mais ils ont aussi une connaissance de la vie et de l'école de la vie qui est supérieure. Quand j'étais en Algérie, le bus venait au bout d'une ou de deux heures. Parfois, je m'accrochais à l'arrière, comme dans les films, parce qu'il n'y avait plus aucune place à bord. Quand je suis arrivé en France, il m'a fallu prendre le bus. J'ai constaté qu'il y avait des horaires et j'ai demandé aux gens : « C'est quoi, ces horaires ? » Ils m'ont répondu que c'était ceux du bus. « Ah bon ? Parce que le bus a des horaires ? » Et j'ai lu : 8 h 47. Puis effectivement, le bus est arrivé à 8 h 47. Et ce n'était pas tout, il était vide et l'on pouvait même s'asseoir ! C'était pour moi extraordinaire, presque incroyable. Je me disais, jamais je n'achèterai une voiture dans ce pays, le bus c'est bien mieux car on y a un chauffeur, mais on s'accommode de tout... »

En matière d'entrepreneuriat, on pourrait donner de nombreux exemples. Des bons et des moins bons car chacun sait que se lancer dans une pareille aventure est quelque chose d'unique. Il y a des difficultés de toutes sortes, surtout si on manque de ressources et de réseaux, comme c'est le cas de la plupart des Beurs et Blacks. Ils partent, non seulement de rien, mais avec des handi-caps supplémentaires. Julien Guenou, Black d'origine togolaise et handicapé (amputé d'une jambe), n'avait d'autres choix face à l'impossibilité de trouver un

160

travail salarié, que de créer son entreprise. Il se souvient bien des difficultés des années 1980 où on lui avait carrément dit, lors d'un entretien de recrutement à Disney, qu'il n'avait aucune chance en tant que Noir et handicapé. Il savait bien qu'il pouvait, à cette époque, trouver facilement un poste de gardiennage, comme c'était même le cas pour certains titulaires de doctorat... Mais il le refusait.

Il s'est donc lancé. Avec son DEA en droit des affaires, préparé à la Sorbonne, il a d'abord créé, en 1986, une société de services administratifs pour les artisans. C'était une centrale administrative de douze personnes située en région parisienne. Le dépôt de bilan eut lieu après 15 ans d'activité. Il était consécutif à son divorce, mais Julien s'est aussitôt relancé comme écrivain et éditeur. Son optimisme et sa sagesse lui laissent envisager l'avenir avec confiance. Il travaille aussi pour ses quatre filles, toutes des métisses car leur mère est française. Trois d'entre elles sont étudiantes respectivement en droit, comptabilité et communication et la dernière va passer très prochainement son baccalauréat.

Ces exemples de réussite existent bel et bien. On en trouve plus facilement chez des quadragénaires. C'est plus rare chez les jeunes diplômés. Il faut avouer que les patrons Beurs et Blacks ne courent pas les rues. Dans certaines institutions que j'ai contactées, la surprise était grande de découvrir qu'ils ne comptaient aucun salarié Beur ou Black parmi le personnel, du moins celui qui avait des contrats à durée indéterminée. On trouvait

certes parfois quelques stagiaires et de rares CDD.
Certains recruteurs m'ont dit « je ne connais que des
Noirs au chômage ».

Le problème est donc toujours là, malgré les efforts des
uns et des autres, et les solutions efficaces se font
attendre. Cela au moment même où l'arrivée de jeunes
Beurs et Blacks sur le marché du travail devient
massive. Que faut-il donc faire pour que les réussites de
ces Beurs et Blacks ne soient plus considérées comme
des faits extraordinaires ?

Il faut aller sur le terrain

Entre les Beurs, Blacks et l'entreprise, la rencontre demeure difficile et la relation insatisfaisante. Pourtant ces dernières années, ont vu s'approfondir en France de nombreux débats autour des facteurs qui conduisent aux inégalités d'accès à l'emploi. La volonté d'acteurs sociaux, appuyée par une pression médiatique et politique, a donné lieu à la mise en œuvre de propositions et d'initiatives qui incitent à remédier à la discrimination à l'embauche. Si beaucoup d'entre elles en sont restées au stade de simples propositions, elles ont eu, néanmoins, le mérite de susciter la réflexion et la recherche de solutions.

On a, en effet, le choix entre des effets d'annonce, des actes symboliques ou des décisions qui impliquent des actions dans le long terme. Pour le moment, assurer un meilleur taux d'emploi pour les Blacks et Beurs dans un contexte de faible croissance et de chômage élevé relève du casse-tête. Aussi les actes symboliques semblent la vue la plus tentante. La nomination d'Azouz Beggag au gouvernement comme ministre délégué à la promotion de l'Égalité des chances est ainsi présentée comme prometteuse pour « *faire fonctionner l'ascenseur social* ».

Une autre nomination, même si elle n'est pas directement liée au sujet, mérite d'être soulignée. C'est l'élection d'Assia Djebar, une auteure algérienne, à l'Académie française le 16 juin 2005. Il s'agit de la première personnalité d'origine maghrébine admise dans cette prestigieuse institution. Voilà une source de fierté et d'espoir pour tous les Maghrébins en particulier et les étrangers en général. Mais si on ne veut pas se priver de compétences dans une période de vieillissement de la population, il faut nécessairement aller plus loin en proposant des mesures réalistes qui évitent de stigmatiser encore un peu plus Blacks et Beurs.

Dans cette partie, il sera d'abord fait référence aux propositions existantes, aux expériences en faveur de la rencontre entre les minorités et l'entreprise, aux actions dans le domaine du recrutement, puis d'autres propositions viendront compléter les conseils déjà donnés.

Chacun le sait, il ne peut exister une seule bonne solution pour que cesse miraculeusement la « fracture sociale ». Il n'existe pas non plus de modèles étrangers qu'il suffirait de suivre pour résoudre rapidement les problèmes. Aucun modèle de discrimination « positive » n'est totalement « positif ». Ne peut-on pas commencer par penser que de bonnes solutions se trouvent dans le bon sens des uns et des autres, dans l'addition et la multiplication d'actions déjà proposées et de suggestions qui peuvent contribuer à ce que cessent un jour les inégalités des chances et à ce que les Beurs, Blacks et entreprises coévoluent en bonne intelligence ?

Des actions très diverses sont possibles, en amont de l'entreprise par la sensibilisation globale des acteurs, dans l'entreprise avec plusieurs séries de mesures déjà proposées, ou en aval si on décide de mettre en œuvre des mesures de rétorsions pénales dans le cadre d'une judiciarisation des rapports entre salariés et employeurs, ce qui serait le signe d'un échec de l'action. Voici d'abord des mesures générales puis des propositions plus spécifiques à l'entreprise.

Le FASILD

La mission du Fonds d'action et de soutien pour l'intégration et la lutte contre les discriminations (FASILD) a toujours été de favoriser l'intégration des populations immigrées ou des descendants d'immigrés en France. Pour ce faire, le FASILD s'appuie sur sa solide connaissance du tissu associatif et des préoccupations des personnes immigrées ou issues de l'immigration, ainsi que sur des partenaires forts pour développer cette fonction de facilitateur. Son action se réalise aussi dans le cadre européen du programme EQUAL, un programme d'initiative communautaire du Fonds social européen

(FSE) portant sur la période 2000-2006. Ce programme permet de mettre au point des formations pour l'ensemble des agents du service public de l'emploi, impliquant toute la ligne managériale, de façon à mieux faire face aux pratiques discriminatoires. Ce projet européen permet également l'échange de bonnes pratiques et contribue à la construction d'une vision commune. En outre, pour l'égalité de traitement, le FASILD cherche à prévenir et à réduire les discriminations sur le marché du travail et dans l'entreprise. Il propose et prend en charge un dispositif national de formation d'un à trois jours, selon les acteurs. Le but que s'assigne le FASILD est très généraliste. Il est, en effet, de :

- sensibiliser les intermédiaires des services de l'emploi des secteurs publics et privés pour prévenir les discriminations ;
- puis les perfectionner.
- sensibiliser au rôle des entreprises publiques et privées pour assurer l'égalité de traitement, gérer la diversité culturelle et prévenir toutes les discriminations ;
- puis approfondir le rôle de ces entreprises.
- définir le rôle des partenaires sociaux pour assurer l'égalité de traitement et gérer la diversité culturelle en évitant toute discrimination.
- faciliter l'approche juridique et le recours à la loi relative à la lutte contre les discriminations.

Ces prestations sont destinées à l'ensemble des acteurs du marché de l'emploi ou du monde du travail.

Les actions sur les recruteurs

Même s'il s'agit d'un véritable débat de société où plusieurs acteurs sont concernés, les recruteurs figurent au premier plan de ceux-ci. Ils sont naturellement les premiers touchés par la question car ils peuvent pratiquer la discrimination à l'embauche sans en avoir pleinement conscience. Il serait bon que les postes à pouvoir soient bien définis en amont, avec une identification précise des compétences dont l'entreprise a besoin, et non plus le « profil » implicitement « ethnique » du candidat idéal. Comme il est souvent identique au profil des titulaires traditionnels, ceci contribue à reproduire des schémas d'exclusion, simplement par peur de l'erreur de recrutement ou le souci de ne pas générer une gêne pour les clients et les salariés. Or les clients sont aujourd'hui très diversifiés. Et les salariés pourraient aussi l'être.

Dommage de se priver, sous de faux prétextes, de candidats qui peuvent être performants ou simplement utiles dans une société qui vieillit. Aussi le mode de recrutement gagnerait à ne plus s'opérer selon les anciens modèles. On peut envisager de ne plus faire occuper un poste vacant par un salarié identique au précédent, faute de quoi, on continuera, indéfiniment, d'écarter du monde du travail toutes les personnes « différentes ».

On aurait alors une population salariée constituée surtout de *middles* d'un type unique avec exclusion de jeunes et de seniors, ce qui aurait des effets négatifs sur la productivité et l'introduction permanente de nouvelles technologies. On peut même dire qu'il est capital de conserver les seniors pour socialiser les jeunes Beurs et Blacks dans l'entreprise.

Les alibis ou les préjugés d'hier ne sont plus recevables car ils contribuent à fragiliser l'économie française dans son ensemble. Il n'est pas vrai que les salariés refusent la présence de Beurs ou de Blacks dans les entreprises. Il n'est pas vrai que les salariés refusent de travailler avec des gens différents, si, toutefois, ces personnes sont compétentes et reconnues pour leur valeur propre car il est impossible de transiger sur ce point sauf à être démagogique, ce qui serait inadmissible.

Tout le monde peut y gagner. À commencer par l'entreprise qui peut inciter ses propres salariés à s'ouvrir aux différences, réduire ses coûts en réduisant l'âge moyen de ses salariés, améliorer son image puisqu'il serait désormais impossible de l'accuser de discrimination à l'embauche, et par la suite, conquérir plus facilement des marchés étrangers. Les décideurs et cadres de la fonction personnel devraient pouvoir être, désormais, convaincus par ces arguments.

D'autre part, par de tels recrutements, l'entreprise modifierait aussi les représentations et les attitudes à l'extérieur de ses murs. Les préjugés qui peuvent exister dans la société globale tomberaient d'eux-mêmes. Assumer la responsabilité sociale, c'est aussi, pour l'entreprise, donner du travail en fonction de l'offre possible et des compétences réellement acquises ; c'est l'une des meilleures façons d'assurer la paix sociale sans laquelle le fonctionnement lui-même de l'entreprise ne peut être assuré. Certes, cela ne dépend pas seulement de l'entreprise, mais cela dépend aussi d'elle. Modifier donc les procédures de recrutement, sans rien changer aux exigences dont peut dépendre la productivité, est une urgence : les chartes de recrutement sur lesquelles travaillent, dès à présent, divers acteurs de la profession ouvrent en ce domaine des pistes prometteuses. On ne peut donc qu'inciter les recruteurs à prendre connaissance de ces chartes et à s'y référer dans leur travail propre.

Un autre alibi, aujourd'hui dépourvu de sens, est celui qui consiste à prétendre que les clients n'aimeraient pas avoir affaire à un Noir ou à un Arabe. La clientèle a bien évolué aujourd'hui et elle est, elle-même, bien diversifiée ; les Noirs et les Arabes en font partie. Il peut, certes, y avoir des conflits, mais ceux-ci existent pour tout salarié en contact avec l'extérieur. On a entendu dire récemment à la télévision : « Un petit noir est meilleur lorsqu'il est servi par un grand blond. » Le jeu de mots est facile. Il ne fait pas toujours rire les Beurs et Blacks qui peuvent le trouver, lorsqu'il est rendu public, un peu « fort de café ». C'est là que l'on décèle le maintien de préjugés alors que la plupart des français acceptent aujourd'hui le métissage de leur société, ce qui ne fait que prolonger les transformations précédentes issues des arrivées de populations diverses, italienne, polonaise ou portugaise. La population française actuelle n'a plus beaucoup de points communs avec celle qui existait au milieu du XIXe siècle. D'ailleurs, les français vivent, depuis longtemps, en bonne intelligence avec Beurs et Blacks. Pourquoi ne le feraient-ils pas maintenant, également en entreprise même si nous ne sommes plus dans des phases de croissance rapide comme celles qui ont permis l'intégration des précédentes populations immigrées ?

Convaincre les recruteurs est une chose. Mais on peut aller au-delà et leur donner les moyens de se contrôler eux-mêmes dans la réalisation de l'objectif d'un recrutement plus juste des Beurs ou des Blacks. Sur ce point, les initiatives se multiplient actuellement en France. On peut en citer quelques-unes de façon à permettre à ceux qui le désirent de prendre contact avec les acteurs qui souhaitent faire réellement bouger les choses sur le terrain indépendamment de toute législation publique.

Une nouvelle association contre la discrimination : accepter un contrôle externe des procédures de recrutement

Conscient des enjeux liés aux mutations de la fonction du recrutement, Alain Gavand[1], PDG d'Alain Gavand

---

1. Alain Gavand, 2005, *Les bonnes pratiques du recrutement*, Paris, Éditions d'Organisation.

Consultants, a décidé de créer une association de lutte contre la discrimination à l'embauche afin de réunir les cabinets de recrutement autour d'un même objectif en proposant les actions suivantes :

- échanger entre professionnels de recrutement ;
- élaborer un référentiel ;
- choisir un organisme externe pour réaliser des audits des cabinets ;
- communiquer sur les pratiques de recrutement ;
- intervenir en amont auprès des clients, des entreprises, afin qu'ils intègrent des critères de non-discrimination dans leurs cahiers des charges en cas de recherche et de sélection de cabinets.

APC Recrutement

Agir Pour la Citoyenneté est une association nationale fondée en janvier 2001 par Karim ZERIBI.

Cet ancien conseiller du Ministre de l'intérieur (1998-2000), à l'origine de la mise en place des CODAC (Commissions Départementales d'Accès à la Citoyenneté), a créé cette structure pour intervenir dans les quartiers populaires dans le champ de l'Éducation, de la Formation et de l'accès à l'Emploi.

Ainsi, devant le chômage de masse et les discriminations à l'embauche qui frappent des millions de femmes et d'hommes habitants les cités dites « sensibles », les dirigeants d'APC ont décidé de créer le premier cabinet de recrutement d'approche directe tourné vers les cadres issus des quartiers situés en zones urbaines sensibles (ZUS).

Organisé comme un véritable cabinet de chasseurs de têtes, APC Recrutement s'est donné pour mission de détecter les talents et les parcours méritants afin de proposer aux entreprises des candidats compétents et motivés. Aux antipodes de la politique des quotas ou de la discrimination positive à caractère ethnique, APC Recrutement veut démontrer qu'il est possible de lutter contre les préjugés en mettant en exergue les qualités des individus et non leurs origines ethniques ou leurs appartenances à une communauté religieuse.

Créé au mois d'avril 2005 le cabinet APC Recrutement a déjà obtenu des résultats très encourageants en terme de placement en entreprise.

L'ANDCP

L'Association nationale des directeurs et cadres de la fonction personnel regroupe 4 000 professionnels des ressources humaines. Son optique est résolument humaniste. Elle vise à donner toute leur place aux femmes et aux hommes dans les organisations. C'est la raison pour laquelle l'un des axes essentiels concerne le développement de la diversité et de l'égalité professionnelle ainsi que la prévention des discriminations. À ce titre, un

© Eyrolles

groupe national composé d'experts de tous les domaines concernés : ressources humaines, juridique, social et psychologique, etc., travaille depuis deux ans et a déjà mené à bien plusieurs initiatives :

- réalisation d'une convention entièrement consacrée à la diversité ;
- sensibilisation et formation des fonctions RH à la diversité ;
- mise en place d'un observatoire des bonnes pratiques des entreprises ;
- optimisation des processus de management afin d'éviter toute forme de discrimination directe et indirecte.

Parmi les projets de l'ANDCP figure actuellement la réalisation d'un ouvrage pratique qui sera destiné spécifiquement aux professionnels de la fonction RH.

La simulation inversée

Une expérience menée à Grenoble mérite d'être mentionnée : un recruteur se met dans la peau d'un candidat discriminé en face de chefs d'entreprise. Il y a ensuite une réflexion collective sur ce qui se produit à cette occasion. Cette expérience de psychodrame a été élaborée par le CJD[1] (Centre des jeunes dirigeants) local et l'Observatoire des discriminations et territoires

---

1. CJD, 2004, « Les groupements d'employeurs : une innovation pour créer des emplois et développer les PME », rapport du CJD, juin.

interculturels de la ville. 250 jeunes dirigeants ont déjà participé à ces rencontres en Rhône-Alpes. C'est l'occasion pour chacun d'expliquer ses méthodes de recrutement et, éventuellement, de changer de regard sur ses pratiques. Le CJD a, ensuite, lancé une expérimentation nationale auprès de 2 000 de ses membres.

Mais à côté des professionnels du recrutement, l'intégration des Beurs et des Blacks pose un problème plus général dont il convient d'avoir conscience. Plusieurs groupes ont travaillé sur ces points et ont fait des propositions intéressantes.

Le rapport Bébéar : un choix varié de propositions du niveau macro au niveau micro

« *Minorités visibles : relever le défi de l'accès à l'emploi et de l'intégration dans l'entreprise. Des entreprises aux couleurs de France.* »[1] Ce rapport, rédigé par Claude Bébéar et Yazid Sabeg, comporte 24 propositions concrètes qui concernent l'entreprise, l'école et les quartiers :

1. Réaliser annuellement une photographie statistique de l'entreprise : dans un questionnaire anonyme, chaque salarié déclare, en fonction d'un choix volontaire, s'il appartient ou non à une minorité dite « visible ».
2. Rendre systématiquement anonymes les CV.

---

1. Rapport remis au Premier ministre Jean-Pierre Raffarin le 22 novembre 2004.

3. Favoriser l'accès à un premier entretien pour les diplômés bac + 2 à bac + 5 issus des quartiers considérés comme « sensibles ».

4. Les entreprises et les établissements de formation concluent des « contrats de confiance stages » qui éliminent toute possibilité de discrimination.

5. Promouvoir le recours à des « audits diversité » au sein de nos entreprises.

6. Conditionner une partie du financement du paritarisme à la réalisation de campagnes de sensibilisation contre le racisme et les discriminations auprès de l'ensemble du personnel, par des organisations syndicales.

7. Créer un créneau « Collèges-Avenir » pour soutenir financièrement et moralement les élèves talentueux issus des collèges ZEP, afin qu'ils poursuivent des études longues ou s'engagent dans des formations professionnelles de qualité.

8. Créer un réseau « Promotion des talents » regroupant les 1 000 premières entreprises françaises pour promouvoir des jeunes talentueux issus de lycées situés en ZEP.

9. Constituer un groupe de travail portant sur l'ouverture du recrutement dans les grandes écoles d'ingénieurs.

10. Sensibiliser les personnes en charge de l'orientation afin qu'elles n'orientent plus les jeunes qui en ont les moyens vers des formations impasses.

11. Faire une campagne de sensibilisation, d'information et de conseil destinée aux étudiants de premier

ou de deuxième cycle universitaire pour favoriser leur réorientation vers les métiers de demain.

12. Expérimenter une formule de « socialisation par l'insertion dans les entreprises du secteur marchand ».

13. Susciter à l'initiative du monde de l'entreprise (chambre de Commerce et d'Industrie), en partenariat avec les collectivités locales et territoriales, la création, pour chaque zone urbaine sensible ou dans chaque département, d'au moins une école de la deuxième chance respectant la charte du Réseau des écoles de la deuxième chance.

14. Étendre les idées et les activités de l'Institut sportif de formation avec la participation des entreprises et des collectivités locales.

15. Organiser chaque année pour tous les élèves des collèges une visite en entreprise d'une journée. Dans une première phase, cette disposition pourrait concerner les élèves des collèges situés en ZEP.

16. Diffuser par les canaux officiels du ministère de l'Éducation nationale auprès des collèges, les expériences de mini-entreprises conduites par la fondation FACE (Fondation agir contre l'exclusion, créée en 1993 à l'initiative de Martine Aubry). Le ministère de l'Éducation nationale pourrait charger cette fondation d'assister les collèges ZEP volontaires pour la mise en place de mini-entreprises.

17. Mettre en place, au sein de collèges volontaires situés en ZEP et sous leur responsabilité, un cycle dual (classes de quatrième et troisième) en partenariat

avec des chambres de Commerce et des chambres des Métiers et des entreprises.

18. Dispenser les formations professionnelles initiales dans les LEP et les lycées techniques, en particulier celles du tertiaire, dans le cadre de l'apprentissage sous contrat de travail.

19. Constituer un groupe de travail à l'initiative des partenaires sociaux pour étudier la possibilité de valoriser les fonctions de maître d'apprentissage sous forme de bonification au titre des années prises en compte pour la retraite (surcote).

20. Affecter exclusivement la taxe d'apprentissage aux centres de formation d'apprentis (CFA) et aux sections d'apprentissage implantées au sein des établissements du second degré ou du supérieur. L'entreprise acquitte sa taxe d'apprentissage exclusivement au bénéfice des CFA et sections d'apprentissage qui accueillent ses élèves ou étudiants apprentis.

21. L'État abonde un compte individuel de « formation » au moyen d'un crédit spécifique « formation initiale » dont le montant est inversement proportionnel à la durée de la formation initiale dont a bénéficié l'actif. L'intéressé bénéficie d'un droit de tirage dès la fin de sa scolarité initiale[1].

22. Dans chaque zone urbaine sensible, créer à l'initiative du monde économique une cellule d'animation « Entreprises et quartiers », indépendante

---

1. Rapport de l'Institut Montaigne : « De la formation tout au long de la vie à l'employabilité », septembre 2003.

des structures administratives, regroupant l'ensemble des acteurs locaux volontaires, publics et privés, dans le cadre d'une véritable solidarité de terrain.

23. Susciter la création d'une association « Les entreprises aux couleurs de la France » pour coordonner nationalement les actions impliquant les entreprises. Cette association regroupera des responsables d'entreprise, des élus et des partenaires sociaux. Les représentants ministériels concernés seront associés, selon des modalités à définir, aux instances dirigeantes de cette association, afin de garantir la cohérence avec le Plan de cohésion sociale.

24. Le gouvernement mène une campagne d'information en continu sur le thème des discriminations.

Nous avons vu précédemment combien l'une des mesures proposées dans ce rapport, celle du CV anonyme, a suscité la polémique. Pourtant elle gagnerait à être, au moins, testée. Plusieurs entreprises l'ont déjà mise en place et les intermédiaires au recrutement la proposent de plus en plus. L'exemple de Taléo, un éditeur de solutions de gestion de recrutement installé à Paris, mérite d'être évoqué. Cette entreprise propose d'automatiser le processus de sélection des CV : le candidat s'inscrit sous un nom d'utilisateur et un mot de passe. Puis, guidé par des questions ciblées par rapport au poste proposé, déclare ses compétences. Ainsi, le système met directement en rapport les candidats et les postes. Ce portail peut être ouvert aux

© Eyrolles

sociétés d'intérim et aux cabinets de recrutement avec lesquels la société travaille.

Pour l'entreprise qui pratique le procédé du CV anonyme, un des bénéfices serait de l'utiliser aussi comme outil de communication, ce qui la ferait connaître comme une entreprise citoyenne.

Pour assurer une prise de conscience, mais aussi et surtout pour mesurer l'efficacité des mesures proposées, le recensement des origines ethniques pourrait être un bon outil. Cela se pratique déjà aux États-Unis, au Canada et au Royaume-Uni. On ne peut que rappeler que le droit français n'interdit pas ce type de mesure. La loi du 6 janvier 1978 relative à l'informatique, aux fichiers et aux libertés interdit de faire figurer dans un fichier manuel ou informatisé, sauf accord exprès de l'intéressé, certaines catégories de données nominatives, considérées comme particulièrement « sensibles » : celles qui, « *directement ou indirectement, font apparaître les origines raciales ou les opinions… religieuses* ». La loi prévoit cependant des exceptions à l'interdiction de collecter ces données sensibles, pour des motifs d'intérêt public, par exemple dans les territoires d'outre-mer. D'autre part, le *Journal Officiel*, par le décret du 2 février 1990, autorise les juridictions à mettre en mémoire les données nominatives nécessaires à l'accomplissement de leur mission. Enfin, le décret du 27 février 1990 (modifié le 14 octobre 1991), autorise le service des renseignements généraux à collecter des informations nominatives faisant apparaître « *l'origine ethnique {des personnes fichées} en tant qu'élément de signalement* ». S'il s'agit d'améliorer la situation des Beurs et Blacks, motif d'intérêt public, des enquêtes faites pour mesurer leur présence dans les entreprises seraient parfaitement légales.

L'Institut Montaigne et ses propositions d'engagements

Créé en 2000 par Claude Bébéar, l'Institut réunit des chefs d'entreprise, hauts fonctionnaires, universitaires et représentants de la société civile. C'est grâce à ses chercheurs que l'Institut élabore et diffuse des propositions concrètes sur les grands enjeux auxquels nos sociétés sont confrontées, notamment celui de la discrimination à l'embauche et la diversité dans l'entreprise. Entre autres travaux, l'Institut a produit en janvier 2004 un rapport sur l'égalité des chances proposé par Yazid Sabeg et Laurence Méhaignerie : « Les oubliés de l'égalité des chances : participation, pluralité, assimilation… ou repli ? » Les auteurs se prononcent pour une « *action positive à la française* » sur le modèle de l'*affirmative action* américaine. Leur credo : « *Il faut rendre égales les situations qui ne le sont pas.* » Les mesures proposées dans ce rapport sont :

1. De multiplier par deux la part du PIB consacrée à l'habitat social.

2. Sur le plan scolaire, il faut de vraies politiques inclusives, des moyens équivalents pour un élève de ZEP et un élève de classe préparatoire. Mettre en place des

mesures mécaniques de type quotas pour inclure les élèves des minorités dans les établissements de centre-ville, dans les filières prestigieuses. Mettre en place des quotas, c'est avoir un *Numerus Clausus* pour placer 10 à 15 % des meilleurs élèves ZEP dans les collèges et lycées de centre-ville ou dans les grandes écoles.

3. Le monde de l'entreprise doit mettre en œuvre la discrimination positive : dans les minorités « visibles », un jeune diplômé sur deux est au chômage. Il y a une « ségrégation systémique » : le réflexe des recruteurs est de recruter dans la « France bon teint ».

En outre, l'Institut Montaigne est à l'origine de l'idée des « 20 métiers de demain ». Ces métiers peuvent être au départ de filières qui assureront des débouchés. Elles peuvent être ouvertes prioritairement aux personnes qui rencontrent des difficultés à être embauchées.

Enfin, l'Institut prévoit un prix annuel de l'excellence qui vise à distinguer les entreprises qui ont su conduire une politique de recrutement et de promotion professionnelle innovante et respectueuse de la diversité et de l'égalité dans le milieu du travail et qui respectent la charte proposée par l'Institut en 2004. Que trouve-t-on dans cette charte ?

La Charte de la diversité

La Charte de la diversité de l'Institut Montaigne, déjà signée par plusieurs entreprises, précise les engagements que les signataires respecteront dans leur processus de recrutement :

1. Sensibiliser et former les dirigeants et collaborateurs de l'entreprise impliqués dans le recrutement, la formation et la gestion des carrières aux enjeux de la non-discrimination et la diversité.

2. Respecter et promouvoir l'application du principe de non-discrimination sous toutes ses formes et dans toutes les étapes de gestion de ressources humaines que sont notamment l'embauche, la formation, l'avancement ou la promotion professionnelle des collaborateurs.

3. Chercher à refléter la diversité de la société française et notamment sa diversité culturelle et ethnique dans les effectifs, aux différents niveaux de qualification.

4. Communiquer auprès de l'ensemble des collaborateurs l'engagement en faveur de la non-discrimination et de la diversité et informer sur les résultats pratiques de cet engagement.

5. Faire de l'élaboration et de la mise en œuvre de la politique de la diversité un objet de dialogue avec les représentants des personnels.

6. Inclure dans le rapport annuel un chapitre descriptif de cet engagement de non-discrimination et de diversité : actions mises en œuvre, pratiques et résultats.

L'Observatoire des discriminations : l'outil du *testing*

Créé en 2003, l'Observatoire des discriminations rassemble une dizaine de chercheurs et mène des études qui abordent toutes formes de discriminations, en utilisant des enquêtes diversifiées comme le *testing*. Son fondateur, le sociologue Jean-François Amadieu (Université Paris 1), a démontré que les discriminations sont multiformes et cumulatives et que le recrutement pouvait être biaisé par des critères non professionnels. Il a pris clairement position contre la « discrimination positive » en proposant des mesures concrètes de lutte contre les discriminations dont :

– la mise en place d'actions de soutien scolaire et d'accompagnement à destination de groupes d'enfants ciblés dont l'origine et l'établissement fréquenté sont défavorisés.

– le développement de la pratique du CV masqué ou anonymisé qui s'effectue dans d'autres pays.

– la multiplication de *testings*, ce qui signifie la vérification empirique, mais cachée, des pratiques de discrimination qui peuvent exister dans les entreprises. S'il y a violation de la loi, ce sociologue prône l'engagement d'actions devant les tribunaux qui auraient pour fonction de sensibiliser le grand public et les recruteurs aux enjeux et aux risques de la discrimination.

Les propositions d'action de l'association Alliances : les groupes locaux de soutien

Créée en 1994 à Lille, l'organisation Alliances a pour objectif d'accompagner les entreprises afin qu'elles améliorent leurs performances en respectant davantage l'homme et l'environnement, c'est-à-dire la responsabilité sociale de l'entreprise (RSE). Particulièrement concernée par la question de l'égalité des chances, l'association Alliances a souhaité faire de l'année 2005 une année résolument tournée vers la diversité et a engagé plusieurs actions à la fois en faveur des entreprises et des minorités visibles.

Elle a mis en place un « guide de la diversité »[1] et une « Convention partenariat diversité ». Plusieurs chefs d'entreprise ont déjà engagé des actions concrètes en faveur de cette démarche citoyenne, dans le respect de la responsabilité sociale de leur entreprise.

Riche d'un grand réseau d'entreprises, Alliances a eu l'idée d'instaurer des systèmes efficaces pour faciliter la rencontre avec des entreprises puis l'embauche des jeunes issus de l'immigration. « Beaucoup d'entre eux cumulent les handicaps : ils sont victimes du délit de faciès, souffrent de l'image du monde arabe renvoyée par les médias actuellement, vivent dans des quartiers isolés, sont issus de familles n'ayant pas forcément de relations dans le monde professionnel, ont fait leurs

---

1. « Prenons goût à la diversité ! Promouvoir la diversité dans l'entreprise », guide disponible sur le site Internet : http://www.alliances-asso.org

études à la fac et non pas dans des Écoles de Commerce habituées à cultiver leurs réseaux… Il fallait faire quelque chose », explique Bruno Libert, président d'Alliances. Le dispositif, mis en place il y a 5 ans, consiste à créer une promotion de 15 jeunes, bac + 4 et + 5, ayant plus de 6 mois de chômage derrière eux et à leur proposer un « Contrat d'insertion professionnelle » (CIP). Il s'agit d'un dispositif qui vise justement à compenser l'absence de relations familiales dans le monde professionnel et le handicap lié, notamment, à la différence de culture et de patronyme.

Grâce à des bénévoles et aux réseaux d'entreprises, ces jeunes suivent des formations au savoir-être, aux mœurs de l'entreprise, à la gestion ou passent des entretiens fictifs d'embauche. Leur entrée dans le monde du travail, par le biais de stages, de CDD ou de CDI, est ainsi facilitée. Pour ce faire, l'association s'engage à :

– sélectionner les candidats en fonction de leur niveau réel de formation, de leur motivation et de leur projet professionnel ;
– former les candidats à mieux maîtriser leur savoir-être et les ouvrir à la culture d'entreprise ;
– les accompagner collectivement et individuellement au cours de leur recherche d'emploi et, sur demande de l'entreprise, pendant leur intégration dans l'entreprise ;
– informer les cadres et les dirigeants de l'entreprise de la diversité culturelle et les sensibiliser aux difficultés que cela peut amener pour les jeunes.

Alliances affiche aujourd'hui un taux de réussite de 80 %. Un exemple à suivre. On évite ainsi les « contrats Blacks-Beurs » qui seraient fondés sur des allégements de charges, ou plus grave, sur l'idée de « ne pas prendre en compte les jeunes salariés Blacks ou Beurs dans le décompte des effectifs à retenir pour la mise en place des institutions représentatives du personnel », toutes mesures qui sont ou démagogiques ou discriminantes. Une « facilitation » de l'entrée du jeune dans l'univers étranger du travail est préférable à une « incitation » étatique qui aurait un coût économique et politique insupportable. Ces recrutements peuvent induire, parce qu'il s'agit de jeunes, des abaissements des coûts du travail sans allégements ciblés de charges qu'il faudrait financer par l'impôt.

Les conventions ZEP prennent de l'ampleur

La proposition d'Alliances ne concerne que ce qui se passe en aval de la formation scolaire. On peut aussi agir sur cette formation elle-même. Parfois, cela pourrait se faire avec l'appui direct d'entreprises soucieuses de gérer leur emploi à long terme.

À la rentrée 2001, le très sélectif Institut d'études politiques de Paris a mis en place les « conventions ZEP ». Cette mesure, très médiatisée, a rencontré un franc succès dans l'opinion publique. Elle s'est montrée efficace et promet de belles ouvertures pour l'avenir. Des jeunes prennent l'engagement de travailler plus que leurs camarades dès la classe de seconde. Et l'on aménage leur entrée dans l'Institut, à charge pour eux de passer ensuite leurs examens sur un strict pied d'égalité avec leurs camarades. Cependant, on ne peut encore tirer un bilan définitif d'une telle mesure : en 2004, 45 candidats ont été admis grâce à ces conventions et les résultats scolaires des premiers admis se sont révélés très corrects. Il faudra, toutefois, disposer d'une base temporelle plus importante pour mieux juger l'expérience en cours.

Aujourd'hui, de plus en plus de grandes écoles, face à une crise réelle du recrutement, doivent recruter à l'étranger ou s'ouvrir aux milieux défavorisés où peut apparaître une rage de réussir. En 2004, une autre grande école, de commerce cette fois, l'Essec, a choisi à son tour d'injecter des moyens et du soutien dans les lycées peu favorisés avec le slogan : « Une prépa, une grande école, pourquoi pas moi ? » Ensuite, s'inspirant du dispositif mis en place par l'Essec, une charte « *de l'égalité des chances et des formations d'excellence* » a été signée le 17 janvier 2005, par la Conférence des grandes écoles, la Conférence des présidents d'université et celle des directeurs d'écoles et de formation d'ingénieurs, avec trois ministres (Éducation nationale, Emploi et Égalité des chances). Aujourd'hui, 57 grandes écoles ont signé cette charte, à l'instar de « Grenoble École de Management » qui y vient à son tour en présentant un programme de *coaching* de jeunes issus de milieux défavorisés. À cette fin, l'école s'est associée à l'antenne locale du réseau FACE.

Le point le plus positif dans ces initiatives est qu'elles montrent que ces jeunes, une fois dans l'établissement, réussissent aussi bien que les autres. Cela est très encourageant. Reste à trouver des solutions pour les frais d'inscription dans ces écoles qui peuvent s'élever jusqu'à 18 000 Euros.

L'entreprise pourrait également passer des conventions analogues avec des élèves particulièrement motivés qui prendront l'engagement de travailler beaucoup plus que les autres durant leurs études afin d'obtenir un résultat. La seule existence de telles conventions peut aider à revaloriser le travail aux yeux des autres jeunes et à bien faire comprendre que l'emploi n'est pas un droit, mais un contrat qui repose sur un double engagement. En tout cas, les entreprises sont invitées par Christian Margaria, président de la Conférence des grandes écoles, à proposer des « bourses au mérite » pour les lycéens issus de milieux défavorisés qui ont le souhait de répondre à cette gageure.

Il faut cependant être lucide. Le psychologue américain Daniel Goleman pense que « *réunir les membres de différents groupes ne contribue pas à réduire l'intolérance, comme en témoignent les cas d'intégration forcée dans les écoles où l'hostilité entre les groupes augmente au lieu de décroître* »[1]. Pour

---

1. Daniel Goleman, 1995, *Emotional intelligence*, Bantam Books, New York.

l'heure, les élèves qui décident de répondre à ce défi savent ce qui les attend, à l'instar d'Angèle Mougoué, Camerounaise et ancienne élève du lycée Jean Renoir qui a été reçue en 2004 à Sciences-Po de Paris : « On décrit toujours Sciences-po comme une école d'enfants de riches. Mais c'est moins vrai depuis la signature des conventions ZEP. Il y a bien des élèves qui montrent qu'ils ne veulent pas se mélanger. J'ai des petits commentaires dans les couloirs, parce que je n'ai pas eu le concours traditionnel. Ça ne m'affecte pas, parce que j'ai des objectifs et que j'ai en face de moi un directeur qui nous soutient. S'il y avait davantage de gens comme lui, la France évoluerait plus vite. Il n'est pas facile d'être jugé sur son apparence, sur ses origines. Alors quand quelqu'un vous juge sur vos capacités, ça vous redonne l'envie de bosser, de vivre. »[1]

Si l'on veut que ce type d'expériences aboutisse, il serait bon de les multiplier, voire les banaliser, comme cela est le cas dans les domaines de la musique et du sport, à l'instar de ce que nous dit Mohammed Abida, entraîneur en basket-ball : « Je vois bien que les jeunes entre eux, même de milieux différents, n'ont pas de problèmes à communiquer. Le sport est un bon moyen pour résoudre les problèmes. » Les personnes de différentes origines, lorsqu'elles œuvrent en commun sur un pied d'égalité pour réaliser un objectif partagé, constatent toutes que les stéréotypes s'effritent. C'est cela qui peut donner un bel exemple à l'entreprise.

---

1. « Sciences-Po vu de Bondy », article du *Nouvel Observateur* du 21/01-02/02/05.

Voilà, au moins pour les grosses entreprises, une mesure concrète qui ne viole en rien l'égalitarisme républicain et qui contribue à promouvoir la parité professionnelle. En agissant ainsi, on peut faire en sorte que les Beurs et Blacks ne soient pas regardés de travers lorsqu'ils exercent des « *métiers de franco-français* » ou lorsqu'ils accèdent à des postes de cadres. Les citoyens prendront l'habitude de voir des Beurs ou des Blacks manager et commander dès lors qu'ils auront, comme les autres, fait l'effort d'acquérir un niveau de compétence élevé. Et cela deviendra normal.

Les Missions Locales

Particulièrement concernées par l'employabilité des Beurs et Blacks en difficulté, les Missions Locales[1] jouent un rôle essentiel dans la rencontre entre ces jeunes, souvent en grandes difficultés, et les entreprises. Celles de la région lorraine, à titre d'exemple, regroupées au sein d'AMILOR – Association des Missions Locales et PAIO de Lorraine – ont conçu un plan d'action : professionnaliser les équipes en interne afin de créer une « culture » commune sur le sujet des discriminations et ainsi agir plus pertinemment et efficacement vis-à-vis des entreprises et des jeunes en difficulté.

Certains jeunes, comme l'explique Yves-Marie Huchin, directeur de la Mission Locale de Thionville,

---

1. Plusieurs ont été rencontrées en Lorraine et en Région parisienne.

ont également besoin de se reconstruire une identité en commençant par l'histoire familiale parfois très perturbée pour certains d'entre eux. Lors de séances de travail, le jeune apprend à se respecter et à respecter l'autre ; le problème de la discrimination y est abordé simplement avec aide à l'analyse, à l'argumentation et aux stratégies de contournement.

La mission locale aide les chefs d'entreprise à préparer l'accueil de jeunes qui pourraient, aux yeux des autres, rencontrer des difficultés, en allant jusqu'à établir des échanges avec les représentants syndicaux. Les actions sont plus spécialement orientées vers les PME car ce sont elles qui embauchent le plus dans le secteur de cette mission. Cette Mission Locale a créé un réseau d'accompagnement des jeunes en entreprise qu'elle appelle la « RAJE » (la Réponse à l'accompagnement des jeunes en entreprise). Il s'agit d'un suivi après l'embauche où la Mission Locale joue un rôle de média-tion et de parrainage entre le jeune et l'entreprise.

Autre proposition proche de celle d'Alliances, mais qui concerne des jeunes en plus grande difficulté qui ont besoin de se construire dans l'action.

Élément 8

De nouvelles voies de progrès existent

L'entreprise française a su s'adapter aux contraintes de la mondialisation. Elle a tout intérêt à accepter aussi cette nouvelle mutation, ne serait-ce que pour éviter des pressions externes, comme cela a été le cas pour Ikéa. En effet, cette entreprise a été obligée de recruter, dans l'urgence, un personnel d'origine diversifiée à l'image de sa clientèle. Certes, de tels mouvements de pression ne se font pas particulièrement sentir en France, mais chacun peut constater par les changements effectués dans les images publicitaires actuelles que la prise en compte de la diversité des consommateurs est de plus en plus prégnante.

Aujourd'hui, la question de la diversité préoccupe de plus en plus de dirigeants, sous la pression médiatique et en raison également du durcissement de la loi. Certaines entreprises, comme celles de la grande distribution, ont pris les devants et ont déjà opéré des changements. On le voit par la présence des Beurs et des

Blacks dans les points de vente des banlieues. Mais ces recrutements commencent à se généraliser dans d'autres lieux où la population étrangère est moins présente.

Cependant, beaucoup d'entreprises françaises continuent à se priver de nouveaux talents en écartant les Beurs et Blacks qui, par peur, ne se mettent pas toujours suffisamment en avant pour se vendre. Quelques suggestions nouvelles devraient encourager Beurs, Blacks et entreprises à changer de point de vue...

Rencontre directe entre Beurs, Blacks et entreprise

La relation entre Beurs, Blacks et l'entreprise a été abondamment abordée ces dernières années, mais le plus souvent par le biais de la lutte contre la discrimination. Certains de ces débats, on l'a vu, n'ont pas amélioré cette relation et pour cause, ils sont culpabilisants pour les uns et victimisants pour les autres, c'est-à-dire catastrophiques pour tous. De plus, ils ont été menés à l'insu des intéressés qui ne demandent pas des politiques de discrimination positive ou « d'*affirmative action* », mais uniquement de justice républicaine sans aucun privilège quel qu'il soit. En refusant tout contrat spécifique qui stigmatiserait ces salariés, il importe que les choix du présent ne perturbent pas les relations futures entre les citoyens. Le passé trouble déjà assez le présent pour ne pas en rajouter.

En portant son regard désormais uniquement sur les compétences des candidats, qu'elle a d'ailleurs tout intérêt à vérifier, l'entreprise pourra rencontrer de nouveaux talents et les juger par elle-même.

On peut aussi envisager d'abaisser l'âge de l'entrée dans l'univers du travail, sans préjudice d'ailleurs à une poursuite d'études, de façon à ce que les jeunes rencontrent plus vite et plus tôt l'entreprise et ses exigences.

Mais pour introduire une telle révolution des habitudes, l'ouverture du chef d'entreprise jouera un rôle fondamental dans l'évolution des représentations et des mentalités du personnel. Cela concerne tant les entreprises publiques que privées. Et chacune peut donner des exemples aux autres.

Une campagne de sensibilisation destinée, en particulier, aux PME-PMI

Ce sont les PME qui recrutent le plus ; elles emploient 75 % des salariés en France. Pour autant, leur imposer des obligations supplémentaires, selon un cahier des charges qui serait l'expression d'une pensée unique, ne serait pas très efficace. C'est à chacune d'entre elles d'inventer des solutions selon son environnement. Seule une sensibilisation diffusée par les chambres de Commerce et les chambres des Métiers est nécessaire de manière à ce que les entreprises s'approprient elles-mêmes, pour celles qui ne l'ont pas déjà fait, la problématique de la discrimination.

L'essentiel est de faire comprendre les liens qui peuvent exister entre la non-discrimination et la productivité. À chaque entreprise de trouver ensuite les moyens pour réaliser l'objectif de trouver un emploi qui soit le mieux qualifié possible. Ce qui peut redonner une valeur au travail, même en milieu scolaire.

On peut aussi envisager de faire conseiller les entreprises qui le souhaitent par des cabinets spécialisés. Des aides financières ou fiscales exceptionnelles peuvent être proposées pour les entreprises qui signeraient des contrats avec des jeunes Blacks ou Beurs en cours de formation prenant l'engagement d'aller jusqu'au bout d'une formation particulièrement difficile et valorisante. Encore faudrait-il valider une telle mesure après expérimentation.

En amont de l'entreprise

Le travail salarié suppose un contrat. Et si on demande un peu plus à l'entreprise, jusqu'à souligner parfois sa responsabilité sociale, il faut dire aussi, et le faire savoir, qu'on sera plus exigeant vis-à-vis des jeunes. Si la relation entre les Beurs, Blacks et l'entreprise reste insatisfaisante, la responsabilité des uns et des autres est engagée, même si aucun des partenaires n'a explicitement voulu la situation actuelle.

S'il a été établi que la discrimination à l'embauche existe bel et bien, et cela a été prouvé par différentes études, Beurs et Blacks doivent tout faire sauf se résigner. De même, la fuite dans la violence ou l'anomie sociale serait, pour eux, suicidaire. On a entendu, à travers différents témoignages, certains se victimiser à tort ou, pire encore, dire « à quoi bon faire des efforts si on n'est pas pris dans l'entreprise ». La conjoncture économique est certes difficile, mais il n'y a qu'avec un travail acharné qu'on peut décrocher aujourd'hui, si on ne veut pas créer son propre emploi, un poste ou une promotion. Là aussi une campagne d'information soutenue par les partenaires sociaux est nécessaire. Ce sera ensuite à chacun de décider de sa vie.

On ne peut pas, dans une perspective d'assistanat, considérer le travail comme un droit ou anticiper l'échec et en accuser préventivement l'autre comme cela se voit encore trop fréquemment. Deux chefs d'entreprise recruteurs m'ont dit récemment avoir reçu des Beurs en entretien et, à la fin, les candidats leur ont dit « Vous ne me prendrez pas, n'est-ce pas ? Je suis votre arabe alibi ». Ces deux recruteurs n'ont pas apprécié ces remarques. D'ailleurs, une telle attitude manifeste l'inaptitude à travailler dans un groupe social qui serait vite détruit par des accusations semblables.

C'est en amont de l'entreprise, par l'école, le sport, les multiples instances de socialisation, les cahiers des charges des chaînes de télévision, que de telles postures doivent être modifiées. Si on ne le fait pas, ces jeunes vont être victimes de leurs stratégies de victimisation. Mais on peut aussi agir dans l'entreprise.

La loi du marché

L'entreprise a-t-elle d'autres choix que de se lancer, dès aujourd'hui, dans le recrutement de Beurs et de Blacks ? Le taux de chômage est certes très élevé, notamment parmi les jeunes et plus particulièrement parmi les Beurs et les Blacks. Toutefois, l'on parle simultanément de recourir à l'immigration, notamment asiatique, à cause d'une pénurie de main-d'œuvre dans certains secteurs. Le bâtiment et les travaux publics ont du mal à trouver preneurs pour quelque 100 000 emplois. D'autres secteurs souffrent du même problème : la restauration, la maintenance, l'artisanat, etc. On a là de véritables gisements d'emploi d'avenir.

Cette situation risque d'aller en s'aggravant. En 2006, on connaîtra une première vague de départs massifs à la retraite qui risque d'être accompagnée d'une grave pénurie de professionnels qualifiés : 4 700 000 emplois liés aux créations de postes et aux départs en retraite sont à pourvoir pour la période 2000-2010[1]. En outre, 135 000 chefs d'entreprise ont aujourd'hui plus de 50 ans et 500 000 entreprises seront à reprendre au cours des prochaines années. Pourquoi ne pas tirer parti, dès maintenant, du gisement de compétences représenté par les jeunes diplômés issus de l'immigration ? Même si leurs formations ne correspondent pas toujours aux emplois disponibles. On a déjà connu des difficultés de recrutement en 1999 et en 2000 dans certains secteurs

---

1. Michel Godet, 2003, *Le choc démographique de 2006*, Paris, Odile Jacob.

d'activité comme le bâtiment, les transports, la restauration et l'informatique. Pour certaines catégories de postes, la main-d'œuvre qualifiée fait déjà cruellement défaut.

Ce sont les réalités sociales et leurs contraintes qui, souvent, créent les changements plus que les lois. Dès lors qu'il y a une pénurie de main-d'œuvre, la loi du marché peut jouer un rôle positif exactement comme lors de la reconstruction après la Seconde Guerre mondiale. Cette période avait permis d'intégrer définitivement Polonais et Italiens. Dans cette situation, non seulement on ne peut plus se permettre de discriminer, mais, bien au contraire, dans certains secteurs on sera obligé de séduire les candidats. Cela est le cas dès aujourd'hui dans le milieu hospitalier. On ne sait plus comment inciter les jeunes français à se diriger vers les écoles d'infirmières. On a tenté de séduire les hommes, faute de femmes, pour finalement aller chercher en Espagne les professionnels qui faisaient défaut. La pénurie commence également à pointer dans d'autres secteurs où l'on envisage très sérieusement d'aller chercher le personnel nécessaire en Chine et en Inde.

On parle donc d'importer de la main-d'œuvre qualifiée dans les années à venir pour assurer la continuité de la production alors qu'il y aura de plus en plus de personnes âgées dont il faudra payer les retraites. Pourquoi ne pas proposer, dès aujourd'hui, une formation à ces métiers où il y aura des pénuries, aux plus jeunes des Beurs et des Blacks ?

La France avait fait venir, dans le passé, des immigrés pour des métiers que les français ne voulaient plus faire. Demain, elle sera obligée, pour les mêmes raisons, de continuer à en faire venir. Or, que prouve ce passé récent sinon que le monde patronal n'est pas discriminant quand la contrainte économique s'impose à lui ? La preuve en est qu'à chaque fois qu'il y a eu besoin de main-d'œuvre, on a immédiatement cherché des salariés dans les pays les plus divers, Indochine, Algérie, etc. L'intérêt a toujours primé sur les velléités de rejet. On a revécu cette situation avec les pères et grands-pères des Beurs et Blacks. Cela recommencera donc chaque fois que le besoin s'en fera sentir. Et il n'est pas impossible qu'un grand nombre d'Asiatiques arrivent en Europe au cours du siècle à venir.

Catherine Benoist, directrice de la mission locale de Cergy-Pontoise, témoigne : « Lorsqu'on a du mal à recruter, on est prêt à accepter la première main-d'œuvre qui se présente. J'ai vu, à la reprise économique de 2001, des agences d'intérim venir nous cirer les chaussures pour récupérer des jeunes qu'ils n'accepteraient pas aujourd'hui et qu'ils n'acceptaient pas avant, parce qu'ils étaient, disaient-elles, inemployables. Tout cela pour dire que l'inemployabilité est quelque chose de très relatif... Bien sûr, la discrimination existe, mais, bizarrement, lorsqu'il y a des besoins, tous ceux qui sont considérés comme inemployables trouvent du boulot. »

La difficulté actuelle a aussi été causée par une conjoncture économique qui a favorisé le chômage, le « *mal le plus périlleux qu'une société puisse affronter en temps de paix* [1], comme le souligne Jean-Paul Fitoussi. On a vu, de temps à autre, des vagues de violences dans des quartiers défavorisés. Y aurait-il eu de tels événements si les jeunes avaient été occupés à travailler ? Que tous les acteurs acceptent de travailler ensemble pour résoudre un problème complexe et qui ne concerne pas que les Beurs et les Blacks car bien d'autres minorités, à commencer par les handicapés ou les seniors sont aussi discriminées. L'entreprise ne détient pas la solution miracle, mais, à son niveau, elle peut contribuer à faire en sorte que nous vivions dans une société plus juste où Beurs et Blacks trouveront leur place.

Qu'en est-il de ceux qui n'ont pas la nationalité française ?

Pour les Maghrébins et Africains qui vivent en France mais qui n'ont pas la nationalité française, l'accès aux professions réglementées est interdit : médecins, notaires, vétérinaires, pharmaciens, sages-femmes, dentistes, gérants d'entreprises de pompes funèbres, cafetiers, géomètres, commissaires-priseurs, courtiers d'assurances, guides touristiques, etc. Ce sont là 50 professions[2] qui représentent plus de deux millions d'emplois qui restent fermés aux non-français de nationalité. Seulement, lorsqu'il s'agit de pallier les pénuries de fonctionnaires dans les hôpitaux, on voit que les

---

1. Jean-Paul Fitoussi, « La France européenne », *Le Monde* du 07/05/05.
2. « Le retour de l'emploi national », *Le Monde* du 14/06/05.

médecins étrangers assurent la moitié des gardes aux urgences. Dans l'Éducation nationale, les contractuels étrangers sont légion. Quand le besoin est là, la préférence nationale disparaît.

La Sécurité sociale et la RATP ont déjà modifié leurs statuts depuis 2001 pour ouvrir leur recrutement aux étrangers. À quand l'ouverture pour d'autres professions ? L'idée de quotas pour ces étrangers vient d'être lancée. Le seul problème est que cela n'aurait aucun effet sur les entrées clandestines.

Le mot du Président

Au moment où est rédigé ce livre, la Haute autorité de lutte contre les discriminations (HALDE) s'installe officiellement sous la direction de Louis Schweitzer. Elle aura pour mission de combattre toutes les formes de discriminations : racisme, sexisme, intolérance religieuse et homophobie.

À cette occasion, une grande réception a été organisée à l'Élysée, occasion pour Jacques Chirac, président de la République française depuis 10 ans, de prendre position contre la « discrimination positive » et de plaider en faveur de la diversité sociale et culturelle dans les grandes Écoles et dans l'entreprise, au nom de l'égalité des chances. « Les discriminations sont un poison pour notre démocratie et notre cohésion sociale » a souligné le chef de l'État. « La couleur de la peau, la consonance d'un nom ou d'un prénom, l'accent, voire une simple adresse, tous ces signes ne veulent rien dire en République. » En effet, Jacques Chirac estime que « pour que la France reste elle-même, nous devons désamorcer les tensions qui traversent aujourd'hui notre société et qui risquent de déchirer notre pacte républicain ».

Pour lever les obstacles qui empêchent les citoyens de réussir par leur mérite et leur talent ou tout simplement d'avoir toute leur place dans notre société, il a suggéré des pistes « dans deux domaines où beaucoup reste à faire : l'enseignement et l'entreprise » car, estime-t-il, « la promotion sociale par l'éducation ne saurait s'arrêter aux portes de l'enseignement supérieur ». Aussi, le Président a demandé au ministre de l'Éducation, Gilles de Robien, de « faire rapidement des propositions sur le dispositif à mettre en œuvre » afin d'élargir l'accès aux grandes écoles, et « sur l'accompagnement social et les aides spécifiques qu'il suppose ». Il a également invité les grandes écoles et les universités à passer des conventions de parrainage avec les lycées les plus défavorisés, avant la rentrée 2006.

Concernant les entreprises, Jacques Chirac souhaite que « les entreprises prennent conscience des avantages de la diversité » afin que « chaque client ou usager puisse se reconnaître ». L'audiovisuel est aussi directement visé : « Il faut que nos écrans soient le reflet de la diversité nationale. »

Pour conclure son intervention, le président estime que « les partenaires sociaux sont les mieux à même d'avancer dans ce domaine. Je leur demande de s'engager, dès que possible, dans une négociation inter-professionnelle sur la diversité ».

Voilà qui ouvre la porte à tous les espoirs pour les Beurs et Blacks.

TROISIÈME PARTIE

Prenez vos responsabilités !

Vous, les entreprises !

Agissez pour améliorer la rencontre entre Blacks, Beurs et entreprise ! À l'instar de ce que promeut l'association « Jeunesse et Entreprise » créée par Yvon Gattaz, on peut envisager plusieurs actions :

– organiser très tôt, dans la vie scolaire des élèves, des visites d'entreprises dans lesquelles des membres du personnel exposeront les contraintes, techniques et morales, de la vie de travail ;
– sensibiliser par des stages annuels d'été les étudiants à la vie réelle de l'entreprise sur une période courte ;
– leur laisser la possibilité d'avoir un correspondant dans l'entreprise et leur envoyer une rapide information annuelle sur l'entreprise dans laquelle ils ont fait leurs stages ;
– augmenter la part des stages longs en entreprise à la fin de toutes les études destinées à fournir des salariés pour le secteur privé avec l'objectif de supprimer les filières qui, ne trouvant pas de stages pour tous leurs étudiants, montrent aussi leur inutilité pratique ;

- accepter de recevoir, lorsque des postes sont disponibles, les Beurs et Blacks dont les compétences correspondent aux besoins requis par l'entreprise ;
- bien préciser publiquement les conditions du recrutement dans l'entreprise, à la fois en termes de compétences et en termes de respect des valeurs permettant à un groupe de fonctionner ;
- faire connaître les jeunes Beurs et Blacks intégrés en entreprise afin de donner des modèles aux plus jeunes, encore en cours de formation.

Vous, les Beurs et Blacks !

Ou on les considère comme des assistés et l'on prend des décisions à leur place ou on leur apprend l'autonomie et on leur donne un cahier des charges qui consisterait à :

- les inciter à construire un bon réseau à l'occasion des stages courts puis longs exécutés en entreprise ;
- les accompagner dans le choix de filières qui débouchent sur des emplois d'avenir ;
- les encourager à bien cibler les entreprises qui recrutent et oser la candidature spontanée et la relance téléphonique ;
- les aider à préparer leur candidature, à commencer par le CV. Leur faire rencontrer des organismes sociaux qui ont cette fonction : ANPE, Missions Locales et diverses associations ;

– leur expliquer et leur permettre d'intérioriser ce que sont les règles du jeu en entreprise, notamment pour ce qui est du respect des codes de l'entreprise (codes vestimentaires, ponctualité, courtoisie, etc.) ;

– leur faire prendre conscience que la concurrence est de plus en plus rude devant les portes des entreprises, accentuée par l'arrivée progressive des nouveaux entrants économiques (Chine, Inde, Brésil, nouveaux membres de l'Union européenne, etc.) qui sont d'ores et déjà très compétents et désireux de développer leur économie et de multiplier, pour eux-mêmes, les emplois.

Voilà ce que les entreprises et ceux qui sont en contact quotidien avec les Beurs et les Blacks, sinon eux-mêmes, peuvent immédiatement entreprendre.

Et nous, tous ensemble !

On ne cesse de sommer l'entreprise, sur différents tons, de recruter des personnes de diverses origines. C'est, bien évidemment, absurde. Lorsqu'on évoque la question de la discrimination à l'embauche, le discours le plus courant est que Beurs et Blacks sont lésés puisque l'entreprise est discriminante à leur égard et donc responsable de leurs difficultés. Résultat : l'entreprise se braque, les jeunes renforcent leur système de victimisation – l'entreprise devenant le bouc émissaire tout trouvé – et la relation entre les parties se dégrade un peu plus.

On pourrait se demander si les entreprises qui ont des patrons Beurs ou Blacks (quand il ne s'agit pas de restaurants maghrébins qui ne peuvent, bien sûr, pas recruter des serveurs qui seraient tous Chinois), recrutent plus particulièrement des Beurs ou des Blacks. La vérité est qu'elles font comme les autres. Car il y a une rationalité dans les décisions de recrutement.

L'employabilité et la promotion des Beurs et Blacks est aujourd'hui un véritable enjeu de la société. Celui-ci concerne certes l'entreprise mais pas seulement. Les collectivités locales, les services publics de l'emploi, les intermédiaires du recrutement, tous les réseaux de demandeurs d'emploi et bien sûr les médias ont un rôle à jouer.

- L'État doit davantage donner l'exemple de la représentativité d'une population métissée.
- Dans certains secteurs, les Beurs et Blacks sont sous-représentés, notamment dans l'audiovisuel.
- Les médias pourraient davantage présenter des cas de réussite parmi la population beur ou black.
- S'il existe des instances d'aide aux chômeurs comme l'ANPE, les Missions Locales ou les réseaux associatifs, les jeunes diplômés sont parfois livrés à eux-mêmes, surtout ceux qui sont issus de filières générales. Certains prolongent indéfiniment leurs études et cela ne fait que creuser le fossé entre eux et l'entreprise. Dans ce cas, à l'instar de ce que fait l'association Alliances, d'autres instances pourraient être créées.

En fait, de nombreuses initiatives ont été lancées en faveur des immigrés et de leurs enfants, même si beaucoup reste encore à faire. Chacun sait que le changement des représentations ne se fait pas aisément. Cependant, on est loin des formes de rejet que la France a connues dans les années 1980 où, pour beaucoup, l'étranger était responsable de tous les maux de la société. Aujourd'hui, alors que le chômage bat un record, c'est à chaque individu de prendre conscience de l'importance d'une coévolution inévitable entre Beurs, Blacks et l'entreprise et c'est la multiplication et l'addition de différentes actions qui peuvent contribuer à améliorer la rencontre entre tous.

Conclusion

Les Beurs et Blacks d'aujourd'hui ne sont pas les immigrés des premières générations en plus jeunes. Ils ne sont pas non plus des français comme les autres. Et pourtant, ils aspirent, pour la plupart, à un traitement similaire à leurs compatriotes franco-français. Faute de quoi se créent des identités imaginaires parfois visibles dans l'espace public.

De son côté, l'entreprise française, sans être raciste, est confortablement installée dans des habitudes de recrutement qui tendent à exclure tous ceux qui sont atypiques et qui peuvent présenter, à ses yeux, des risques.

On a donc, d'une part, un danger d'éclatement sociétal qui peut avoir des effets sur les entreprises et d'autre part, des difficultés internes aux entreprises, prévisibles si le management ne s'adapte pas à des populations nouvelles. Aussi, la rencontre entre ces jeunes et les entreprises s'avère-t-elle difficile, parfois même douloureuse.

On a trop tendance à penser ces problèmes en termes de responsabilité. Il est, en effet, très facile d'accuser les Beurs et Blacks qui refuseraient « l'intégration » ou qui chercheraient mal des emplois possibles. Il est aussi facile de mettre en cause l'entreprise qui se contenterait de recruter des franco-français. C'est ce que font les associations qui mettent en cause la discrimination à l'embauche.

Mais qui a pris le temps d'écouter ce que disent réellement Beurs et Blacks ? Et qui écoute les responsables des entreprises ?

Que faut-il faire pour améliorer cette rencontre entre jeunes d'origine étrangère (venus cette fois d'au-delà de l'Europe) et entreprises ? Il faut d'abord définir cette nouvelle population qui se presse aux portes des entreprises, analyser les obstacles auxquels elle se heurte, rappeler les propositions qui ont déjà été faites et enfin retenir, de façon très réaliste, des solutions qui peuvent aboutir à une meilleure entente entre Beurs, Blacks et entreprise. Celles-ci peuvent prendre des formes diverses qui pourraient aller, provisoirement, de la loi aux changements internes des pratiques de recrutement et de management.

« *On ne cesse d'euphémiser une problématique qui gagnerait à être dramatisée* » écrit Jean-Michel Bellorgey à propos de ce qu'il faut bien considérer aujourd'hui comme une situation d'échec qui pourrait mettre en péril durablement une bonne part de notre contrat social. Il ne faudrait pas en arriver à un « scénario de l'inacceptable » où notre société risquerait d'être blessée à mort si nous ne savons pas réagir à temps aux tropismes actuellement à l'œuvre, qu'il s'agisse des diverses formes de la discrimination pratiquées par les uns ou des fuites vers le repliement identitaire auxquelles peuvent s'abandonner les autres.

Ainsi, parce que tous les acteurs de la rencontre – jeunes Beurs et Blacks, entreprises, système éducatif et société dans son ensemble – ne peuvent que bénéficier d'une meilleure qualité de la coopération, je rappellerai également les voies concrètes de progrès proposées à chacun : une responsabilité partagée suppose des efforts partagés et que chacun décide de faire un bout de chemin vers l'autre.

Mais dans un monde ouvert, où chacun doit accepter de remettre en cause une part de ses comportements pour que la société évite le piège de la mal-évolution vers une sorte de ghettoïsation rampante, il faut sans doute que le modèle républicain accepte de « respirer », de vivre, de s'enrichir des apports des autres sans se focaliser – ni se fossiliser – sur le seul concept d'intégration. Un concept qui semble présupposer qu'on n'a que faire de la richesse spécifique aux cultures des plus récents arrivants et que ceux-ci n'ont qu'à savoir se couler dans le format préexistant du pacte républicain considéré comme un idéal indépassable. Plus riche que la réductrice intégration, la coévolution, ce principe dynamique du règne du vivant et de la pensée complexe, ne saurait être absente de la République : ancien ministre et aujourd'hui vice-président du Conseil général du Finistère, Koffi Yamgnane avait su implanter dans la commune bretonne dont il était devenu maire, un surprenant et efficace conseil des anciens, inspiré des pratiques de son lointain Togo.

Bibliographie

Rapport, articles...

ALLIANCES, 2005, « Prenons goût à la diversité ! Promouvoir la diversité dans l'entreprise », guide disponible sur le site Internet : http://www.alliances-asso.org

AMADIEU Jean-François, 2004, Enquête testing sur CV, ADIA, Paris 1, Observatoire des discriminations, mai.

BÉBÉAR Claude, 2004, « Minorités visibles : relever le défi de l'accès à l'emploi et de l'intégration dans l'entreprise. Des entreprises aux couleurs de la France », rapport au Premier ministre, novembre.

BLANC Christian, 2004, « Pour un écosystème de la croissance », rapport au Premier ministre.

CJD, « Les groupements d'employeurs : une innovation pour créer des emplois et développer les PME », rapport du CJD, juin 2004.

FERRY Vincent, 2002, « L'absence de lien "emploi/formation" chez les immigrés de France : une réalité qui s'estomperait ? », Nancy, LASTES.

HALPERN Catherine, 2005, « La discrimination positive face à ses paradoxes », *Sciences Humaines*, n° 158, Mars.

Haut Conseil à l'intégration, 1998, « Lutte contre les discriminations : faire respecter le principe d'égalité, rapport au Premier ministre », Paris, La Documentation Française.

HÉRAN François, 2002, « Immigration, marché du travail, intégration », rapport du séminaire, La Documentation Française.

SABEG Yazid et MÉGAIGNERIE Laurence, 2004, « Les oubliés de l'égalité des chances, participation, pluralité, assimilation... ou repli », Institut Montaigne, Janvier.

Ouvrages

BELLORGEY Jean-Michel, 2001, *Lutter contre les discriminations, stratégies institutionnelles et normatives*, Paris, Éditions de la MSH.

CALVÈS Gwénaëlle, 2004, *La discrimination positive*, Paris, PUF, Coll. QSJ ?

GAVAND Alain, 2005, *Les bonnes pratiques de recrutement*, Paris, Éditions d'Organisation.

GLAZER Nathan, 1997, *We are all multiculturalist now*, Harvard University Press.

GODET Michel, 2003, *Le choc démographique de 2006*, Paris, Odile Jacob.

GOLEMAN Daniel, 1995, *Emotional intelligence*, Bantam Books, New York.

JELEN Christian, 1991, *Ils feront de bons Français*, Paris, Robert Laffont.

LE MOIGNE Guy, 1986, *L'immigration en France*, Paris, PUF.

LEPOUTRE Daniel, 1997, *Cœur de Banlieue*, Paris, Odile Jacob.

MAURIN Eric, *Le Ghetto français*, Le Seuil, 2004.

REA Andrea et TRIPIER Maryse, 2003, *Sociologie de l'immigration*, Paris, La Découverte.

SAYAD Abdelmalek, 1994, *Qu'est-ce que l'intégration ?*, Paris, Le Seuil.

SCHNAPPER Dominique, 1991, *La France de l'intégration*, Paris, Gallimard.

SÉRIEYX Hervé, 2005, *Jeunes et entreprise, des noces ambiguës*, Paris, Éditions d'Organisation, Nouvelle édition.

SÉRIEYX Hervé, 2004, *Alerte sur notre contrat social. Coup de gueule en urgence*, Paris, Éditions d'Organisation.

STÉBÉ Jean-Marc, 1999, *La crise des banlieues*, Paris, PUF.

TALNEAU Sophie, 2005, *On vous rappellera*, Hachette Littératures, Paris, 2005.

TODD Emmanuel, 1994, *Destins d'immigrés*, Paris, Le Seuil.

WIHTOL de WENDEN Catherine et LEVEAU Rémy, 2001, *La Beurgeoisie. Les trois âges de la vie associative issue de l'immigration*, CNRS Éditions.

Index

Complexes, 124
Comportement, 81
Concurrence pour l'emploi, 63
Condition sociale, 97
Confiance, 106
Connaissance, 87
Contraintes, 95
Contrat d'insertion
    professionnelle, 185
Contrat de confiance stages, 175
Contrôle externe, 170
Convention partenariat
    diversité, 184
Conventions ZEP, 186
Critère subjectif, 51
Critères de sélection, 127
Culture, 91
Culture française, 97
CV anonyme, 45

D

Débouché, 89
Décolonisation, 62
Décret du 2 février 1990, 179
Décret du 27 février 1990, 179
Défaitisme, 107
Délinquance, 89
Délit de faciès, 60
Déprime, 107
Déracinement, 132
Désaffiliation, 121
Dialogue, 111
Diplôme en alternance, 93
Discrimination, 40
Discrimination
    à l'embauche, 35, 38
Discrimination directe, 39

Discrimination positive, 35, 181
Discrimination syndicale, 103
Diversité des consommateurs, 193
Double culture, 84
DRH, 116
Droit à la différence, 101
Droit à la ressemblance, 101
Droit au vote, 76
Droit du sang, 70
Droit du sol, 70

E

Écarts salariaux, 105
École, 82
École d'ingénieurs, 175
École de la vie, 160
Éducation, 37, 68
Égalité de traitement, 39
Égalité des chances, 44, 180
Élite Beur, 82
Élus, 178
Enseignants, 91
Entrepreneuriat, 153
Entreprise citoyenne, 179
Entreprises et quartiers, 177
Espoir, 103
État, 127
Études, 49
Exclusion, 58, 91
Exigence, 95
Expérience, 87
Expérience étrangère, 95
Expérimentation, 49

F

Facilitation, 186
Fierté, 61

Sommaire détaillé

Première partie
Beurs, Blacks et entreprise

Deuxième partie
Pour comprendre ce qui se joue

TROISIÈME PARTIE
Prenez vos responsabilités !

www.ingramcontent.com/pod-product-compliance
Lightning Source LLC
Chambersburg PA
CBHW061014280326
41935CB00009B/964